Smollett Tobias George

Humphrey Klinkers Reisen aus dem Englischen

Smollett Tobias George

Humphrey Klinkers Reisen aus dem Englischen

ISBN/EAN: 9783337197735

Printed in Europe, USA, Canada, Australia, Japan

Cover: Foto ©Andreas Hilbeck / pixelio.de

More available books at **www.hansebooks.com**

Humphry Klinkers Reisen.

Zweyter Band.

Aus dem Englischen.

Neue Auflage.

Leipzig,
bey Weidmanns Erben und Reich. 1775.

Humphry Klinkers
Reisen.
Zweyter Band.

An den Doctor Lukas.

Mein lieber Lukas,

Ihre Fabel vom Affen und Ferkel ist, wie's die Italiäner nennen, ben trovata, allein ich werde sie meinem Apotheker nicht vorsagen, weil er ein stolzer Schottländer und sehr kitzlich hinter den Ohren ist, und wer weis? wohl gar schon sein Doctordiplom in der Tasche hat. — Ein ächter Schotte hat allemal zwey Sehnen zu seinem Bogen, und ist in utrumque paratus — Gewiß ist's, daß ich dem Ausfegen nicht ausweichen können; allein ich glaube, daß ich durch dieses Ausfegen einem größern Uebel entgangen bin, vielleicht einem verdrüßlichen Anstoße

von Podagra oder Gicht; denn die Eßlust fieng mir schon an zu vergehn, und es gieng mir zuweilen dergestalt in den Eingeweiden zu Werke, daß mich nicht gut dabey däuchte — Ja, noch bin ich dieser Erinnerer nicht völlig los, welche mich warnen, in diesem Mittelpunkte der Ansteckungen noch länger zu verweilen —

Was für Versuchungen kann ein Mann von meiner Gemüths- und Leibesbeschaffenheit haben, an einem Orte sich aufzuhalten, woselbst jeder Winkel neue Gegenstände des Eckels und des Abscheues zur Welt bringt. Was müssen die Leute für Sinne und Geschmack haben, welche wirklich die verfälschten Ergötzlichkeiten der Stadt den ächten Freuden einer ruhigen Wohnung auf dem Lande vorziehn können! Die meisten Menschen, ich weis es, werden durch Eitelkeit, Ehrgeiz und kindische Neubegierde verführt, welche nicht anders befriediget werden können, als in dem geschäfftigen Umgange mit Menschen: allein während der Zeit, daß sie diese ihre Begierden zu befriedigen suchen, wird alles, bis auf die Werkzeuge der Sinne, an ihnen stumpf und verderbt,

so

so, daß sie an nichts, was ächt und in seiner wahren Natur vortrefflich ist, Geschmack finden können.

Soll ich meine Stadtleiden und meine Landfreuden einmal ein wenig herrechnen? Zu Brambleton-hall habe ich in meinem Hause die Ellbogen frey, und athme eine helle, elastische, gesunde Luft — Ich genieße einen luftigen, erquickenden Schlaf, der durch kein scheußliches Lärmen gestöret, und durch nichts eher unterbrochen wird, als durch das süße Gezwitschere der Schwalben vor meinem Fenster — Ich trinke von der jungfräulichen Quelle, so rein und christallinisch, wie sie aus dem Felsen hervorstürzt, oder das goldfarbne Getränk, das aus meinem eignen Malze in meinem Hause gebrauet wird; oder trinke auch wohl dann und wann ein Glas Apfelmost, den mir mein eigner Obstgarten liefert; oder auch ein Glas Pontack, vom besten Gewächse, den ich zu meinem eignen Gebrauche von einem Correspondenten verschreibe, auf dessen Ehrlichkeit ich mich verlassen kann; mein Brodt ist schmackhaft und kräftig, in meinem eignen Ofen gebacken, von meinem eignen Weitzen, der

auf

auf meiner eignen Mühle gemahlen ist; Mein Tisch wird größtentheils mit Speisen besetzt, die mir in die Hand wachsen; meine fünfjährigen Hämmel, welche sich von den wohlriechenden Kräutern auf den Bergen weiden, sind so saftig und kräftig, als das beste Wild; mein delikates Kalbfleisch, das nach nichts als der Muttermilch schmecken kann, füllt die Schüssel mit Saft, wenn es angeschnitten wird; mein Geflügel vor der Scheune weg, das niemals eingesperret wird, als wenns des Abends aufgeflogen ist; Meine Kaninchen, frisch aus dem Garten; meine Schnepfen und Rebhüner lasse ich schießen, wenn ich sie essen will; Austern laß ich von ihrer eignen Bank holen, und Heringe und andre Seefische kann ich essen, wenn sie eben vor vier Stunden gefangen sind. — Meinen Sallat, Wurzeln und Gemüse, giebt mir mein eigner Garten in Menge, und gut; der Boden ist so fruchtbar von Natur, daß er nur mäßige Wartung erfodert. Eben dieser Boden liefert auch alle die verschiednen Früchte, von welchen man sagen kann, daß sie in England zu Hause gehören, so, daß mein Nachttisch alle Tage

Tage frisch von den Bäumen gebrochen wird; In meiner Holländerey fließen nektarische Ströme von Milch und Rahmen, woraus vortreffliche Butter und Käse gemacht werden; das übrige an Molken und Buttermilch mästet die jungen Schweine, die zu Speck und Schinken aufwachsen. — Ich gehe zeitig zu Bette, und steh mit der Sonne wieder auf. — Meine Zeit geht ohne Langeweile oder Verdruß vorüber, und es fehlt mir nicht an Zeitvertreib im Hause, wenn mir das Wetter nicht erlaubt auszugehn. — Ich lese, ich plaudre mit einem Freunde, spiele Billard, Karten, oder im Brete. — Außer dem Hause habe ich ein Auge auf die Landwirthschaft, und führe Entwürfe zur Verbesserung aus, deren Wirkungen mir ein unaussprechliches Vergnügen machen — Nicht weniger Freude macht mirs, wenn ich sehe, daß meine Pächter und Bauern gut fortkommen, und der Arme durch die Beschäfftigung, die ich ihm gebe, seinen ordentlichen Unterhalt gewinnt. — Sie wissen, ich habe einen oder zween vernünftige Freunde, gegen die ich mein Herz ausschütten darf; eine Glückseligkeit, die ich

viel-

vielleicht in den gedrangvollen Auftritten des Lebens vergebens gesucht haben möchte: Ich habe noch einige, deren Kopf nicht so helle ist, die ich aber wegen ihrer Redlichkeit hochschätze; und ihr Umgang ist nicht lästig, obgleich auch nicht sehr unterhaltend. Endlich, so leb' ich mitten unter ehrlichen Leuten und treuen Hausgenossen, von denen ich mir schmeichle, daß sie eine uneigennützige Liebe für meine Person hegen. — Sie selbst, mein lieber Doctor, können Bürge für die Wahrheit dieses Vorgebens seyn.

Nun merken sie den Abstich in London — Ich bin in engen Zimmern eingepäkelt, worinn nicht so viel Raum ist, einen Hund tanzen zu lassen; ich athme den Qualm von verfaulter Luft, welche sicherlich eine Pest hervorbringen würde, wenn sie nicht noch von der groben Säure der Steinkohlen geschwängert wäre, welche aber selbst schon einer etwas zarten Lunge sehr schädlich ist. Aber auch selbst dieses so berühmte Gegenmittel kann doch die Einwohner von London nicht vor dem schmachtenden, bleichen Ansehn bewahren, das sie von den vollblütigen, starken Jünglingen unterscheidet, die

auf

auf dem Lande leben. — Ich gehe erst nach Mitternacht zu Bette, matt und rastlos von den Zerstreuungen des Tages — Alle Stunden fahre ich aus dem Schlafe auf, von dem scheußlichen Lärmen der Nachtwächter, die durch alle Gassen ausschreyen, was die Glocke geschlagen, und mit ihren Stangen an alle Hausthüren donnern; ein Haufen unnützer Kerle, die nichts anders thun, als die Leute im Schlafe stören; und um fünf Uhr werde ich von dem noch fürchterlichern Tumulte aus dem Bette getrieben, den die Bauerkarren und das Geheule der Gärtnerweiber machen, welche grüne Erbsen und dergleichen unter meinem Fenster ausrufen. Will ich Wasser trinken, so muß ich das trübe Zeug aus einer offenen Wasserleitung verschlucken, die auf alle Art verunreinigt werden kann, oder gar Flußwasser aus der Themse schlurfen, worinn aller Unrath von ganz London und Westminster zusammen kommt — Menschlicher Auswurf ist noch das wenigste Schlimme in dieser Masse, die aus allerley Kehricht, Mineralien und Giften, welche die Handwerker und Fabrikanten bey ihren Geschäfften brauchen,

A 5 besteht,

besteht, bereichert mit den faulenden Aesern von Thieren und Menschen, und vermischt mit dem Spühlig aus allen Küchen, Waschhäusern, Mastställen und Siederepen in der ganzen Stadt.

Dieses ist das liebliche Getränk, welches die Londoner als das beste Wasser von der Welt herausstreichen. Was das berauschende Gebräu betrifft, welches man für Wein verkauft, so ist das eine häßliche, ungesunde und geschmacklose Mixtur von Aepfelmost, Kornbrantewein und Schleesaft. Bey einer gerichtlichen Klage, die ein Weinhändler gegen einen Karrenführer erhoben, der einem Oxhöft Wein den Boden ausgestoßen hatte, erhellete aus dem Zeugnisse des geschwornen Küpers, daß in dem ganzen Gefäße, welches über hundert Stübchen enthielt, nicht mehr als fünf Stübchen wahren Weins gewesen, und auch dieser war schon von dem Kaufmanne in Oporto gebrauet und getauft. Das Brodt, was ich in London esse, ist eine unverdauliche Paste; dem Geschmacke wie dürre Sägespäne und der Gesundheit höchst schädlich; die ehrlichen Leutchen wissen freylich, daß es verfälscht

fälscht ist, aber sie ziehens doch dem gesunden Brodte vor, weil es weißer ist, als das von Weitzenmehl: und so opfern sie ihren Geschmack und ihre Gesundheit und das Leben ihrer zarten Kinder auf, um sich nach dem Urtheile ihrer trüglichen Augen zu richten; und der Müller sowohl als der Becker, will er anders von seinem Gewerbe leben, muß sie vergiften, wenn er auch gleich nicht gerne wollte. Eben die Unsinnigkeit zeigen sie bey ihrem Kalbfleische, welches durch öfteres Aderlassen und andre solche Bubenkünste so weit gebracht wird, daß kein Tropfen Saft mehr im Körper nach bleibt, und das arme Thier an der Schwindsucht sterben muß; dadurch hat es denn so wenig Nahrhaftes, oder Saft und Geschmack, daß ein Mensch eben so lieb ein Gehacktes von weißlasurten Handschuhen oder von italiänischen Strohhüten essen möchte.

So wie sie von ihrem Brodte, ihrem Schlachtvieh, Geflügel, ihrem Cotelets, Ragouts, Frikasseen und allen Arten Brühen die natürliche Farbe verbannt haben, so haben sie ihren Kopf darauf gesetzt, die Farbe ihrer Gartengemüse, selbst auf Kosten ihres Lebens,

Lebens, zu verbessern. Ihnen, mein lieber
Lukas, wird es vielleicht sauer ankommen,
zu glauben, daß die Leute hier so toll sind,
in die Töpfe, worinnen sie solche kochen,
Kupfermünzen zu werfen, um sie hübsch
grün zu machen, und dennoch ist nichts gewisser. — Freylich haben sie außer dieser
erhöheten Farbe gar nichts Gutes mehr.
Sie werden auf gekünstelten Boden gezeugt,
und schmecken nach nichts, als nach dem
Mistbeete, worauf sie gewachsen sind. Mein
Blumenkohl, mein Kopfkraut und Spergel
auf dem Lande ist eben so vorzüglich vom
Geschmacke gegen die, welche man in Conventgärten verkauft, als meine Heydschnu-
cken gegen die Hämmel auf St. James
Markte; denn die sind eigentlich weder
Lamm noch Schaaf, sondern so ein Ding
zwischen beyden, das in den stinkenden
Morästen von Lincoln und Essex aufgekröpft,
und bleich, grobfabigt und trocken ist. Das
Schwein ist ein schändliches, aasfressendes
Thier, das hier mit Pferdeluder und Bran-
teweinstrebern gemästet wird; und das
zahme Federvieh ist alles stinkend, und zwar
kommt das von einem Fieber, das das Vieh

durch)

durch den schändlichen Gebrauch bekommt; daß man ihm die Gedärme vernäht, damit sie durch diese grausame Verhaltung desto eher in dem Hünerbauer fett werden sollen.

Von den Fischen brauche ich bey diesem heißen Wetter nichts weiter zu sagen, als daß man sie zu Lande zwanzig bis dreißig Meilen weit her fährt; ein Umstand, zu dem man nichts zuzufügen bedarf, um einem Holländer bis zum Erbrechen übel zu machen, wenn auch seine Nase nicht in allen Gängen mit dem lieblichen Geruche von frischen Makarelen begrüßet würde, welche zum Verkaufe umhergetragen werden. Dieses ist nicht die Austern Jahrszeit; dennoch mag es nicht überflüßig seyn, zu erwähnen, daß die wahren Colchester oder Grün-bärtjes in Schlammkisten aufbewahret werden, worüber zuweilen die See wegfließet, und daß die grüne Farbe, welche die Wollüstlinge hier und anderwärts so hochschätzen, von dem vitriolischen Schaume entsteht, der sich auf der Oberfläche dieses faulen Pfützenwassers setzet. — Unsre Caninchen werden in den Kellern der Hünerpflücker gebrütet und gemästet, worinnen sie weder frische Luft noch

noch Bewegung haben können, und also recht fest von Fleische und lecker von Geschmacke werden müssen; und Wildgeflügel kann man weder für Geld noch gute Worte bekommen.

Man muß gestehn, daß man in Conventgärten einige gute Früchte bekommen kann; die aber beständig von einigen übermäßig reichen Leuten vorher weggekauft werden, welche ungeheuer dafür bezahlen: so daß dem Mittelmanne fast wenig anders zu theile fällt, als was die andern nicht gewollt haben; und das wird noch dazu mit solchen schmierigen Händen ausgetheilet, daß ich nicht ohne Eckel daran denken kann. Noch gestern sah ich ein Weib, das Kirschen auf einem Karren zum Verkaufe ausrief, in die Hände spucken, und so den Staub von den Kirschen wischen; und wer weis, ob nicht manche Hofdame eben diese Kirschen in ihren delikaten Mund steckt, die in den schmutzigen, vielleicht geschwürvollen Fäusten eines eckelhaften Höckerweibes herum gerollet und angefeuchtet worden sind. — Bey dem bleichen, sandigen Zeuge, das sie hier Erdbeere nennen, mag ich mich nicht aufhalten,

ten, welche mit den schmutzigsten Fäusten aus einem kothigen Korbe in den andern gewühlt, und dann mit einer elenden Milch zu Tische gebracht werden, die mit dem schlechtesten Mehle zu einer äußern entfernten Aehnlichkeit von Sahne aufgebicket ist; aber die Milch selbst verdient wohl, daß man ein Wort davon erwähne. Es ist eine Distillation von welken Kohlblättern und saurem Spühlig, der mit warmen Wasser verdünnt wird; die von den gequetschten Schnecken an den Kohlblättern schäumet; in offnen Eimern durch die Gassen getragen wird, wo sie allen Auswürfen von Spühlwasser, das man aus den Thüren und Fenstern gießt, dem Speichel und Rotz der Fußgänger, dem Abflusse der Schlammkarren, dem Gesprütze der Kutschräder frey und offen ist; wo die muthwilligen Gassenbuben aus Kurzweile allerley Unrath hineinwerfen; wo die geifernden Kinder oft in dem zinnernen Maaße schlabbern, das in diesem saubern Zustande wieder in die Milch geworfen wird, um den Appetit des nächsten Käufers zu reitzen; und endlich noch das Ungeziefer, das von den Lumpen der säuischen Dirne hinein fällt, welche

welche unter der ehrbaren Benennung eines Milchmädchens diese köstliche Mixtur zum Verkauf umher trägt.

Dieses Verzeichniß der Londoner Lecker-bissen beschließe ich mit dem Tafelbiere, das weder Malz noch Hopfen vertheuret, und so dünn als eckelhaft ist, geschickter, die Stelle eines Brechmittels zu vertreten, als den Durst zu löschen und die Verdauung zu befördern; mit dem talgigen ranzigen Geschmiere, das sie Butter nennen, fabricirt von Unschlitt und Bratenfett; und mit ihren frischen Eyern, die ihnen aus Frankreich und Schottland zugebracht werden. — Und allen diesen Abscheulichkeiten könnte durch ein wenig Achtsamkeit auf die Polizeyordnung, oder durch einige Stadtgesetze abgeholfen werden; aber die weisen Patrioten der Stadt London haben sichs nun einmal in den Kopf gesetzt, daß alle Polizeygesetze einen Eingriff in ihre Freyheit thun würden; und daß ein jeder Mann, ohne alle Einschränkung, nach seinem eignen Dünkel leben muß. — Und da ihnen nicht so viel Gefühl der Sinne übrig geblieben ist, sich durch die vorerwähnten eckelhaften Beschwerden

den in ihrer Meynung irre machen zu laſſen, ſo moͤgen ſie meinethalben in ihrem eignen Sode fortwaten, ſo lange ſie wollen.

Ein geſelliger Mann wird freylich, um einer angenehmen Geſellſchaft zu genießen, uͤber manche Unbequemlichkeit hinſehen. Ich hatte einen witzigen Freund der zu ſagen pflegte: wenn die Geſellſchaft angenehm iſt, kann der Wein nicht ſchlecht ſeyn: das iſt aber eine Maxime, die man cum grano ſalis annehmen muß; allein was iſt denn die Geſellſchaft in London, daß ich ihrentwegen verſucht werden koͤnnte, meine Sinne zu kreuzigen, und mich mit ſolchen Unflaͤtereyen auszuſoͤhnen, die meine Seele verabſcheut? Alle Menſchen, die ich hier ſehe, ſind zu ſehr auf ihre Entwuͤrfe des Eigennutzes oder des Ehrgeitzes erpicht, daß bey ihnen noch Raum fuͤr ein ander feines Gefuͤhl des Herzens oder der Freundſchaft ſtatt finden koͤnnte. — Selbſt bey einigen von meinen alten Bekannten haben dieſe Entwuͤrfe und Beſtrebungen alle Spuren unſrer vormaligen Verbindungen ausgeloͤſcht. — Das Geſpraͤch in Geſellſchaften iſt faſt nichts mehr als ein haͤmiſches Geſtichle und Rechthaberey

rey der öffentlichen Partheyen — und der gesellige Umgang nichts weiter, als Prunkbesuche und Spielgelage. — Finden Sie einmal zufälliger Weise ein unterhaltendes Original, so kann es gefährlich seyn, an seinen Schnurren Gefallen zu finden — Im Grunde ist es gewöhnlichermaßen nicht richtig mit ihm; er ist entweder ein listiger Betrüger, oder Spion, oder ein tückischer Narr. Ein jeder, mit dem Sie was zu schaffen haben, sucht Sie zu überschnellen; dort lauren Ihnen müßige Bettler auf, die Ihnen das Allmosen unter dem Namen einer Anleihe abschwatzen, und von der Beute der angekommenen Fremden leben; hier haben Sie es mit Krämern und Handwerkern ohne Gewissen, mit Freunden ohne Zuneigung, und Hausgenossen ohne Treue zu thun. —

Mein Brief würde zu einer Abhandlung anwachsen, wollte ich alle die Ursachen des Verdrusses aus einander setzen, welcher das Maaß meines Widerwillens gegen diese und jede andre volkreiche Stadt anfüllt. — Dem Himmel sey Dank! so weit bin ich noch nicht in den Strudel gerathen, daß ich mich nicht ohne große Anstrengung meiner Philosophie

sophie sollte herausziehen können. — Von allem diesem tobenden Getümmel der Büberey, Narrheit und Ausgelassenheit, fliehe ich wieder mit doppelter Lust zu der heitern Ruhe des Landlebens, der seelenvollen Ergießung ungeheuchelter Freundschaft, der Gastfreyheit und dem Schutze der ländlichen Sitte; mit einem Worte zu dem jucunda oblivia vitae, welches selbst Horaz nicht Geschmack genug besaß, gehörig zu genießen und zu schätzen.

Ich habe eine gute Reisekutsche mit vier Pferden auf drey Monate gewiß, den Tag zu eine Guinee bedungen; und künftige Woche sind wir gesonnen, unsre Reise nach Schottland anzutreten, wobey wir immer hoffen, gegen Ende des Octobers wieder bey Ihnen zu seyn. — Ich werde fortfahren, Ihnen von jedem Orte, wo wir uns einigermaßen aufhalten, so oft zu schreiben, als irgend Etwas vorfällt, das Ihnen auf die eine oder die andre Art lieb seyn möchte, zu wissen. Indessen muß ich Sie bitten, in Barns Wirthschaft in Ansehung meiner Korn- und Heuernbte ein wenig mit zuzusehen, und versichert zu seyn, daß mein

Grund

und alle Sonntage steht sein Haus allen unglücklichen Brüdern im Gänsekiel offen, welche er bewirthet mit Rindfleisch, Pudding und Potátoes, Portwein, Punsch und dem besten Biere, das Calvert nur liefern kann. Er hat den ersten Tag der Woche zur Uebung seiner Gastfreyheit ausgesetzt; weil einige von seinen Gästen an keinem andern Tage hätten Nutzen davon haben können, aus Ursachen, die ich nicht anzuführen brauche. *)

Ich

*) In einem Briefe an einen Freund in einem Collegio freylich wohl nicht. Vielleicht für das ganze engländische Publicum nicht; allein ein Uebersetzer soll doch auch ein wenig mit darauf sehen, daß seine eigne Landsleute verstehen können, was sein Autor gemeynt hat; also, geliebteste, so wohl barmherzige als Barmherzigkeits-Bedürftige Deutsche Leser! muß ich Ihnen sagen, daß auch in England der für manchen Menschen so unangenehme Brauch ist, an den sechs Werkeltagen in der Woche seine Schuldner zu mahnen, die Hartnäckigen so gar auf den Gassen; allein der Sonntag hat das voraus, daß an diesem Tage die Gläubigen singen und beten, die Gläubiger aber schweigen müssen; und da kann denn auch ein Autor oder Uebersetzer mit Sicherheit dahin gehen, wo er eine Sonntagsmahlzeit zu finden gehoffet. Bey dieser Note bitte ich
auch

Ich ward höflich empfangen, in einer zwar nicht prächtigen aber doch anständigen Wohnung, welche hinten hinaus an einem Garten stieß, der in vortrefflicher Ordnung unterhalten war; und in der That sah' ich keine äußerlichen Anzeichen der Autorschaft, so wenig in dem Hause als an unserm Wirthe, welcher einer von den wenigen Scribenten ist, die von ihrem Eignen leben, ohne von dem Winke eines eigensinnigen Mäcens oder eines unersättlichen Buchhändlers abzuhängen. Allein wenn der Gastgeber nichts auszeichnendes an sich hatte, so brachten seine Gäste diesen Mangel hinlänglich wieder ein.

Um zwey Uhr Nachmittags fand ich mich mit neun andern Tischgenossen hinter Messer und

auch an die Stelle im ersten Theile zurück zu denken, wo der ehrliche Murrkopf, Herr Bramble, erzählt, daß seine übelzugerichteten Freunde bey Tische über ihre eignen körperlichen Gebrechen scherzten.

A. d. Ueb. Geschrieben in meine Schreibtafel am ersten Pfingsttage, da ich bey dem Hrn. Generalcollecteur Z** einsprach und zum Essen blieb.

und Gabel ſitzend; und ich zweifle, ob das ganze Königreich noch eine dergleichen Sammlung von Originalen aufbringen könnte. Ihre Art ſich zu kleiden will ich nicht einmal zu ihren beſondern Eigenheiten rechnen, weil ſolche bloß zufällig ſeyn konnte. Was mir am meiſten auffiel, waren ſolche Falten, worein ſie ſich anfänglich aus Affectation geworfen hatten, und die ihnen hernach durch die Gewohnheit natürlich geworden waren. Einer von ihnen hatte beym Eſſen die Brille auf der Naſe, und der Andre den Huth niedergeſchlagen; obgleich (wie mir Jvy ſagte) der Erſte dafür bekannt iſt, daß er ſo ſcharf ſieht als eine Gluckhenne, wenn ein Gläubiger noch ſo hoch in der Luft über ſeinem Kopfe ſchwebt; und der andre niemals eine Schwäche oder einen Schaden an ſeinen Augen gefühlt hat, ausgenommen vor ungefähr fünf Jahren, da ihn ein Acteur mit ein paar blauen Augen beſchenkte, als er beym Trunke Händel mit ihm bekam. Ein Dritter trug Schnürſtiefeln, und gieng an Krücken, weil er vor langen Jahren einmal das Bein gebrochen, obgleich niemand mit mehr Behendigkeit

über

über einen Stuhl wegspringen konnte, als er. Ein Vierter hatte einen solchen Widerwillen gegen den Landbau angenommen, als er darauf bestund, mit dem Rücken gegen die Fenster zu sitzen, die auf den Garten stießen, und als eine Schüssel mit Blumenkohl auf den Tisch kam, roch er an sein Englisches Salz, um nicht ohnmächtig zu werden; indessen war dieser delicate Mann der Sohn eines Tagelöhners auf einem Dorfe, war an einer Hecke geboren, und war manches Jahr auf dem Acker zwischen den Heerden wild herumgelaufen. Ein Fünfter spielte den Zerstreuten — Wenn man ihn anredete, antwortete er immer in die Queere — zuweilen fieng er aus vollem Halse an zu lachen — Dann faltete er die Arme — und dann zischte er wie funfzig Schlangen auf einmal.

Anfangs hielt ich ihn wirklich für verrückt im Kopfe, und weil er dichte neben mir saß, fieng ich an, für meine Sicherheit einigermaßen besorgt zu seyn, als unser Wirth, der meine Besorgniß merkte, mich laut versicherte, ich hätte nichts zu befürchten. „Der Herr (sagt' er) quält sich, eine
„Rolle

„Rolle zu spielen, zu der er auf keinerley
„Weise geschickt ist — wenn er auch noch so
„gerne wollte, so stehts doch nicht in seinem
„Vermögen, unsinnig zu werden. Seine
„Einbildungskraft ist zu flau, um bis zur
„Raserey aufzubrausen." Ein fi — fi —
fixer Hieb! (bemerkte ein Mann in einem
abgetragenen Rocke mit verschoßnen Treffen)
nachgemachter U — u — Unsinn pa —
passirt fü fü, für Wi — Witz bey neu —
neun — neunzehn Leuten unter zi — zi —
zi — zwanzigen. — „Und nachgemachtes
„Stottern für kurzweilige Laune (erwiederte
„unser Wirth) obgleich, der Himmel weis
„es, keine Verwandtschaft unter beyden ist."
Dieser Spaaßvogel hatte, wie es scheint,
einige mißlungene Versuche mit Sprechen
ohne anzustoßen gemacht, und also seine Zuflucht zu diesem Fehler genommen, vermit-
telst welchen er oftmals, ohne den geringsten Aufwand von Genie, der Gesellschaft
ein Gelächter abjagte; und dieser Fehler,
den er anfänglich nachmachte, war ihm nun
so gewöhnlich geworden, daß er ihn nicht
ablegen konnte.

Ein

Ein gewisses schielendes Genie, das beym Tische seine gelben Handschuhe trug, hatte sich bey seiner ersten Bekanntschaft mit Herr S** dergestalt an ihm geärgert, weil er gerade so aussah, und sprach, und aß, und trank, wie alle andre Leute, daß er hernach beständig mit Verachtung von ihm sprach; und ihn niemals wieder besuchen wollte, bis er endlich nachstehenden Beweis von einem Sonderlingskopfe gegeben hatte. Wyvil, der Poet, hatte einige vergebne Schritte zu einer nähern Bekanntschaft mit S** gethan, und ließ ihm endlich durch einen Dritten zu verstehen geben, daß er ein Gedicht zu seinem Lobe, und auch eine Satyre auf ihn gemacht hätte; und wenn er ihm Zutritt in seinem Hause geben wollte: so sollte das Erste alsobald zur Presse wandern; wenn er aber darauf bestünde, seine Freundschaft auszuschlagen: so würde er unverzüglich die Satyre herausgeben. S** versetzte, daß er Wyvils Lobgedicht im Grunde als ein Pasquil betrachtete, und dem gemäß würde ers mit einer Hundepeitsche ahnden; wenn er aber die Satyre drucken ließe, so möchte er sein Mitleiden verdienen, und da hatte

er

er von seiner Rache nichts zu fürchten. Wyvil, der seine Betrachtungen über die Wahl angestellt hatte, entschloß sich, zu Herrn S** Kränkung das Lobgedicht drucken zu lassen, wofür er dann die gelobte Bezahlung richtig empfieng. Er erhub also eine Injurienklage gegen den Beleidiger, welcher, um einem verdrüßlichen Processe auszuweichen, ihn zu Gunsten auf und annahm. Es war das besondre in dem Betragen des Herrn S** bey dieser Gelegenheit, welches ihn wieder mit dem Philosophen mit dem gelben Handschuhen aussöhnte, der nunmehr zugab, er habe einiges Genie, und von der Zeit an seine Bekanntschaft mit ihm fortsetzte.

Neubegierig zu erfahren, auf was für Gegenstände die verschiedenen Gaben meiner Mitgäste angewendet würden, wendete ich mich an meinen gesprächigen Freund Ivy, welcher mir zu verstehen gab, die meisten von ihnen wären, oder wären gewesen, Buchmachergesellen bey ansehnlichern Autoren, für welche sie übersetzten, *) nachläsen,

ober

*) Diesen Bogen werden mir meine Herren Verle-
ger,

oder Auszüge aus andern Büchern machten; und alle miteinander hätten zu verschiedenen Zeiten in unsers Herrn Wirths Lohn und Brodte gestanden, ob sie schon gegenwärtig in den unterschiedlichen Aesten der Bücherfabrik ihre eigne Werkstätte für sich selbst angelegt hätten. — Nicht nur ihre Talente, sondern auch ihre Geburtsorte und Aussprache waren so verschieden, daß unser Gespräch der Sprachverwirrung bey dem Thurmbau zu Babel völlig ähnlich klang. Wir hatten den Irrländischen und Schottländischen Dialekt, mit fremden Wörtern die Menge,

welche

ger, wie ich zuversichtlich von ihrer Großmuth hoffe, gerne doppelt bezahlen, wenn solche die Selbstverleugnung in Betrachtung ziehen, die mich hier die Uebersetzertreue kosten mußte. So selbst in seinem eignen Eingeweide wüten zu müssen, den schmerzhaften Stich der Benennung eines Buchmachergesellen zu fühlen, und dennoch keinen Hieb ins Original zu thun, und den schlimmen Auswuchs wegzuschnitzeln; O, mein so barmherziger als gerechter Herr Kunstrichter, wenn Ew. Gestrengen das nicht Treue nennen wollen: so fällt mir vor Verzweiflung, es Ihnen jemals zu danke zu machen, die Feder aus den Händen. A. d. Ueb.

welche mit dem unangenehmsten Geschrey von der Welt hervor geschnauft wurden; denn, weil sie alle zugleich sprachen, so hatte kein Mensch Hoffnung, daß man ihn hören würde, wofern er nicht lauter schreyen könnte, als seine Mitgenossen. Das muß man indessen gestehn, daß sie in ihren Reden nichts pedantisches verriethen; alles, was gelehrte Untersuchung heißen könnte, vermieden sie sehr sorgfältig, und bemühten sich witzig zu seyn; und ihre Bemühungen schlugen nicht allemal fehl — Es gab einige drollige Einfälle, welche Gelächter genug erregten; und wenn jemand Etwas so übel nahm, daß er darüber die Schranken der Wohlanständigkeit aus den Augen lassen wollte, so ward er von dem Herrn des Gastmals nachdrücklich zurechte gewiesen, welcher eine Art von väterlichem Ansehen über diese reizbare Familie ausübte.

Der gelehrteste Philosoph in der ganzen Sammlung, der als ein bekannter Atheist von der Universität relegirt worden, war schon mit einer Widerlegung der metaphysischen Schriften des Lord Bolingbroke ziemlich weit gekommen, und man hielt diese Wider-

Widerlegung für scharfsinnig und orthodox; allein zu gleicher Zeit ist er bey dem Richter als ein öffentlicher Friedensstöhrer angegeben worden, weil er an einem Sonntage in einem Bierhause gottesläſterliche Reden geführt hat. Der Schottländer giebt öffentlichen Unterricht über die richtige Außsprache des Englischen, und ist itzt darüber her, sein Collegium auf Subſcription drucken zu laſſen.

Der Irrländer ist ein politiſcher Schriftsteller, und ist unter dem Namen Mylord Potâtoe bekannt. Er schrieb ein kleines Werk zur Vertheidigung eines Ministers, in der Hoffnung, sein Diensteifer würde mit einem Amte oder einer Pension belohnt werden; da er aber merkte, daß man ihn von dieser Seite vergaß, so brachte er unter die Leute, der Minister habe das Werkchen selbst geschrieben, und verfertigte eine Antwort wider seine eigne Geburt. In dieser redete er den Verfaſſer mit Mylord an, und zwar mit ſolcher Ernsthaftigkeit, daß das Publicum den Betrug hinterſchluckte, und die ganze Auflage wegkaufte. Die weiſen Politiker der Hauptſtadt verſicherten, es wären beyde

beyde ein paar meisterhaft geschriebene Werke, und kitzelten sich über die läppischen Träumereyen eines unwissenden Schmierers aus einem fünften Stockwerke, als ob es die tiefsinnigsten Speculationen eines alten, mit allen Geheimnissen des Cabinets bekannten Staatsmannes gewesen wären. In der Folge ward der Betrug entdeckt, und unser Irrländischer Staatsschriftenschmidt hat von seiner angenommenen Wichtigkeit nichts weiter aufzuweisen, als den Spottnamen Mylord, und den obersten Sitz am Tische in seiner Garküche im Schustergäßgen.

Gegen mir über saß ein Piemonteser, der das Publicum mit einer launevollen Satyre, unter dem Titel: Waagschale der Engländischen Dichter beschenkt hat; ein Werkchen, welches von der großen Bescheidenheit und dem Geschmacke seines Verfassers, und besonders von seiner genauen Bekanntschaft mit den Schönheiten der Englischen Sprache, Zeugniß ablegt. Der weise Mann, der an der ἀγρωψοβία, oder der Gartenscheu krank ist, hatte eben eine Abhandlung über die praktische Landwirthschaft vollendet, ob er gleich in der That niemals in seinem Leben

bemerkt

bemerkt hatte, wie das Korn wächst, und so wenig Unterschied unter den Feldfrüchten kannte, daß ihn unser Wirth dahin brachte, vor der ganzen Gesellschaft zu bezeugen, daß ein Pudding von Gerstengraupen der beste Reißpudding wäre, den er jemals gegessen hätte.

Der Stotterer hatte seine Reisen durch Europa und einen Theil von Asien beynahe fertig, ohne daß er jemals weiter gekommen war, als an die Gränzen der Freyheit von Kingsbench, ausgenommen zu Zeiten der Quartalgerichte, wo ihn ein Stadtdiener als Hofmeister begleitete. Was Tim Cropdale, das lustigste Mitglied der ganzen Gesellschaft betrifft, so hatte er glücklich eine jungfräuliche Tragödie bis zur Catostraphe durchgeführt, von deren Vorstellung er sich eine reiche Erndte an Geld' und Ruhm versprach. Tim hatte sichs ein manches Jahr mit Romanschreiben sauer werden lassen, wo er für jeden Band sechs Guineen verdiente; allein diesen Zweig des Gewerbes haben die weiblichen Schriftsteller an sich gerissen, welche bloß zu Ausbreitung der Tugend drucken lassen, und mit so vieler Leichtigkeit, und Geist, und Delicateſſe, und Kenntniß des menſchlichen Herzens, und zwar alles in der heitern Ruhe des vornehmen Lebens ſchreiben, daß der Leſer nicht nur von ihrem Genie entzückt, ſondern durch ihre Moral gebeſſert und bekehrt wird.

Nach Tiſche verfügten wir uns in den Garten, woſelbſt ich bemerkte, daß Herr S** in einem abgelegenen kleinen Gange von Nußbüſchen, allen nach einander beſondre Audienz gab, von da ſie dann ohne weitere Ceremonien ſich fortſchlichen; ſie wurden aber von friſchen Recruten aus eben demſelben Geſchlechte wieder erſetzt, welche zu einem Nachmittagsbeſuche kamen; und unter andern kam auch ein ſtattlich gekleideter Buchhändler, mit Namen Birkin, welcher ſeinen eignen Wallachen ritt, und in zwey neuen blanken Stiefeln mit dicken ſilbernen Spornen erſchien. Es hatte ſeine Urſachen, daß ſich dieſe Hebamme der Muſen die Bewegung zu Pferde machte, denn er war zu fett, um zu Fuße wandeln zu können, und er mußte von Tim Cropdale einige Hiebe über ſeine unbehelfliche Dicke, und über ſeine Unfähigkeit zum Gehen, aushalten.

ten. Birkin, dem es in der Nase kribelte, daß ein armer Autor so ausgelassen seyn und sich unterfangen könnte, über einen Mann zu scherzen, der so viel reicher wäre als er, sagte zu ihm: er sollte ihn nicht für so unbehelflich halten, daß er nicht das Gericht zu Marshalsea in Bewegung setzen könnte, einen Befehl wider ihn auszufertigen, und ihn selbst damit einzuholen, wenn er nicht bald zu ihm käme, und die Rechnung über den Druck seiner letzten Ode auf einen nordischen König zur Richtigkeit brächte, wovon er nur drey Exemplare, und zwar noch Eins davon an den Methodisten Whitefield, verkauft hätte. Tim stellte sich, als ob er diese Pille ohne Widerwillen verschluckte, und sagte, er erwartete in ein oder ein paar Posttagen von dem Könige, seinem allergnädigsten Gönner, der sehr gut wüßte, wie man Poeten gehörig belohnte, ein Gedicht in Gegenantwort; bis dahin aber schlug er vor, daß Birkin und er um eine Kumme Punsch wetten wollten, des Abends in Ashleys Hause zu trinken, wer von ihnen am Ersten dreymal den Garten rund liefe, und zwar wolle er in Stiefeln laufen gegen Birkin in Strümpfen.

pfen. Der Buchhändler, der sich mit seiner Behendigkeit nicht lumpen lassen wollte, ließ sichs eingehn, die Wette anzunehmen; und übergab Cropdal alsobald seine Stiefeln, welcher, nachdem er solche angezogen hatte, dem Capitain Pistol, in Schakespears Heinrich dem Vierten, nicht übel glich.

Nachdem alles in gehöriger Ordnung war, schossen sie mit großer Heftigkeit dahin, und bey der zwoten Runde hatte Birkin sichtbarlich den Vorsprung, mit seinem Fette die magre Erde betreufelnd, wie er dahin schnaubte. Cropdale hatte keine Lust, ihm den Sieg länger streitig zu machen; sondern in einem Augenwinke verschwand er durch die Hinterthüre des Gartens, welche auf eine Wiese gieng, die an die Heerstraße stieß — Die Zuschauer fiengen alsobald an zu rufen: „Fortgeschlüpft!" Und Birkin setzte ihm eilig nach; er war aber keine zwanzig Schritte in der Wiese gekommen, als er sich einen Dorn in den Fuß trat, wieder nach dem Garten zurück hinkte, vor Schmerz ächzte, und vor Verdruß und Aerger fluchte. Nachdem er durch den Schottländer, der als

Chi-

Chirurgus seine Lehrjahre ausgehalten hatte, von seinem Dorne im Fuße befreyet war, sah' er sich wild umher und rief: „Nun, „der Kerl wird doch, hoff' ich), nicht so ein „gottloser Bube seyn, daß er mit meinen „Stiefeln rein davon läuft!" Als unser Wirth die Schuhe besichtigt hatte, die er stehn lassen, und die diesen Namen kaum verdienten, sagt' er: „Hören Sie, Herr „Birkin, waren ihre Stiefeln nicht von „Kalbsleder?" „Kalbs- oder Kuhleder! „(versetzte der Andre) Ich will schon ein „Häpchen Pergament finden, das ihm „Drangsal genug anthun soll — Ich ver- „lor zwanzig Pfund bey seinem Possenspiele, „daß Sie mich überredeten zu verlegen — „Seine verdammte Ode hat mich um andre „fünfe gebracht; und nun dieses paar Stie- „feln dazu, die mir anderthalb kosten, und „noch span nagelneu sind, als ob sie eben „vom Leisten geschlagen wären — Aber „diese Geschichte mit den Stiefeln ist reiner „Diebstahl — Landsverweisung nach Ja- „maika! — Ich will den Hund in Old- „Baily anschreiben lassen, ja, das will ich, „Herr S**. Ich will mich rächen, und

„sollt

„ſollt ich auch durch ſeine Verweiſung mein „Geld verlieren!"

Herr S*** ſagte vors Erſte kein Wort weiter, ſondern verſah ihn erſt mit ein paar andern Schuhen, dann befahl er den Bedienten, ihn wieder anziehn zu helfen, und ihm ein Glas Rumpunſch zur Stärkung zu holen, welches dann die Hitze ſeines Eifers ſo ziemlich abzukühlen ſchien. „Am Ende (ſagte darauf unſer Wirth) „iſts doch nichts „weiter, als eine Schnackerey, von Seiten „des Witzes betrachtet, ob es gleich einen „viel ehrwürdigern Namen verdient, wenn „man auf die Erfindung dabey ſieht. Crop„dale hat, wie ich denke, vielleicht ſchon ei„nen großen Bären beym Schuſter brum„men, und iſt alſo auf dieſes ſinnreiche Mit„tel gefallen, ſeinem Schuhmangel abzuhel„fen, denn er weis wohl, daß Herr Birkin, „der kurzweilige Einfälle gerne hat, ſelbſt „über die Schnurre lachen würde, wenn er „ſich ein wenig beſonnen. Cropdale lebt „im eigentlichſten Verſtande von ſeinem „Witze, und er hat ſolchen bey allen ſeinen „Freunden nach der Reihe angebracht. „Einſt borgte er von mir meinen kleinen

„Alep-

„Klepper, um eine kleine Reise von fünf
„oder sechs Tagen damit nach Salisbury zu
„thun, und auf seiner Rückreise verkauft er
„ihn in Smithsfield. Dieses war eine so
„ernsthafte Kurzweile, daß ich in der ersten
„Aufwallung meines Zorns daran dachte,
„ihn als einen Pferdedieb anzuklagen; und
„selbst, als schon meine erste Hitze vorüber
„war, gelobte ich ihm, weil er mir sehr
„sorgfältig aus dem Wege gieng, daß ich
„bey der ersten Gelegenheit von seinem
„Puckel die Bezahlung nehmen wollte. Ei-
„nes Tages, als ich ihn von ferne in einer
„Gasse entdeckte, da er auf mich zu kam,
„begann ich mein spanisch Rohr zum Ge-
„brauche anzufassen, und gieng in den
„Schatten einer Pforte, damit er mich nicht
„zeitig genug gewahr würde, um mir zu ent-
„wischen; aber, stehe da, in eben dem Au-
„genblicke, da ich das Werkzeug der Züchti-
„gung aufgehoben hatte, war mein Tim
„Cropdale in einen armen blinden Mann
„verwandelt, welcher seinen Weg mit einem
„langen Stocke vor sich hin suchte, und ein
„paar dunkle Ballen statt der Augen im Kopfe
„herumdrehete. Es fiel mir sehr aufs Herz,

C 5 „daß

„daß ich so nahe dabey gewesen, meine
„Rache so unvorsichtiger Weise auf einen
„armen Menschen fallen zu lassen: allein,
„den folgenden Tag erhielt Tim von einem
„Freunde, daß er zu mir gehn, meine Ver-
„gebung bewirken, und mir einen Wechsel,
„der in sechs Wochen fällig, in Bezahlung
„meines Kleppers anbieten mußte. Dieser
„Mann gab mir zu verstehn, daß der blinde
„Mann niemand anders gewesen, als Crop-
„dale, der, als er gesehn, daß er mir nicht
„ausweichen könnte, und meinen Vorsatz
„gemerkt, sich den Augenblick in die vorbe-
„sagte Gestalt verwandelt hätte. Mir ge-
„fiel diese sinnreiche List so wohl, daß ich
„seine Vergehung zu verzeihn versprach;
„dabey schlug ich mit Fleiß den Wechsel aus,
„damit ich immer eine Kapitalklage gegen
„ihn, zum Bürgen für sein künftiges gutes
„Betragen, in Händen haben möchte —
„Allein mein schlauer Tim wollte sich auf
„keine Art und Weise meinen Händen anver-
„trauen, bis der Wechsel angenommen wä-
„re. — Und nun machte er seine Erschei-
„nung vor meiner Thüre als ein blinder
„Bettler, und hintergieng meinen Bedien-
„ten

„ten so richtig, ob er gleich lange mit ihm „bekannt und sein Kruggeselle gewesen, daß „ihm der Kerl die Thüre vor der Nase zu= „schlug, und ihn sogar mit einer Tracht Prü= „gel bedrohte. Als ich das Gezänke auf „der Diehle hörte, gieng ich hinaus, und „da mir alsobald die Figur von der Gasse „wieder einfiel, nannt' ich ihn bey seinem „eignen Namen, zum unaussprechlichen Er= „staunen meines Bedienten."

Birkin versicherte, er möchte eben so gern einen Spaaß leiden, als ein andrer; fragte aber dabey, ob ihm jemand von der Gesell= schaft sagen könnte, wo Cropdale logirte, damit er hinsenden und Vorschläge zur Aus= lieferung thun könnte, ehe die Stiefeln in ganz fremde Hände kämen. „Ich will ihm „gerne ein paar neue Schuhe geben, (sagt' er) „und eine halbe Guinee dazu, wenn ich „nur meine Stiefeln wieder bekomme, die „mir paßten, wie ein Handschuh; denn ich „kann sie so gut für kein Geld wieder haben, „bis das gute Wetter zum Reiten vorbey „ist." — Der stotternde Gelehrte bezeug= te, das einzige Geheimniß, das Cropdale immer bey sich verwahret hätte, wäre der Ort

Ort seiner Wohnung; allein während den warmen Sommernächten, glaubt er, nähm er seine Nachtruhe auf einem Schusterladen, oder zähmte sich auch wohl eine wandernde Nachtnymphe al fresco unter dem Portale der Martinskirche. „Hohl ihn der Henker! (schrie der Buchhändler) „ich wollt' er hät-
„te meine Peitsche und Sporn auch genom-
„men, so könnte er in die Versuchung gera-
„then, noch ein ander Pferd zu stehlen, und
„das hätte ihn bey schöner Gelegenheit zum
„Galgen tragen können."

Nach dem Caffee nahm ich, mit schuldiger Danksagung für genoßne Höflichkeiten, Abschied von Herrn S**, und war ungemein wohl zufrieden mit meinem zugebrachten Tage, ob ich gleich nicht wußte, was ich aus dieser Art von Verbindung eines Mannes von Ansehn in der gelehrten Welt, mit einem Rudel Dintenkläcker machen sollte, die nach aller Wahrscheinlichkeit niemals im Stande seyn werden, durch ihre Arbeit sich irgend einen Namen zu erwerben. Ueber diesen Punct befragte ich meinen Führer Dick Ivy, welcher mir folgendes antwortete. „Man sollte wohl denken, S** habe
„seine

„seine eigne Absichten dabey, wenn er diesen
„Leuten, von denen er weis, daß sie eben
„so schlechte Menschen als Schriftsteller sind,
„seine Hülfe und seinen Schutz angedeihen
„läßt; allein, wofern er irgend eine Absicht
„für sich selbst dabey hat, so wird er sich
„sehr betrogen finden; denn sollte er so ei-
„tel seyn, zu denken, er könne sich ihrer zur
„Ausführung seiner Entwürfe brauchen, sie
„betreffen nun seinen Nutzen oder seinen
„Ehrgeitz, so sind sie verschlagen genug, sich
„seiner indessen als ihres Eigenthums zu
„bedienen. Von der ganzen Gesellschaft,
„die Sie da Heute gesehn haben, ist, mich
„ausgenommen, nicht einer, der ihm nicht
„besondre Verbindlichkeiten hätte. — Den
„Einen bürgte er aus dem Hause eines Ge-
„richtsdieners los, und bezahlte hernach
„seine Schulden — Den Andern nahm er
„ins Haus, und kleidete ihn vom Kopf bis
„zu Fuß, als er, zufolge einer Parlaments-
„acte, zum Besten unvermögender Schuld-
„ner, aus dem Gefängniß entlassen wur-
„de — Einen Dritten, der weder Huth
„noch Perucke mehr hatte, in einer Dach-
„kammer nach hintenaus, in der Schlach-
„terreihe,

„terreihe, wohnen, und von Schaafsfüßen
„leben mußte, nahm er in Sold, gab ihm
„freye Auslösung, und setzte ihn in Stand,
„als ein ordentlicher Mensch zu erscheinen,
„ohne die Furcht der Gerichtsbedienten be-
„ständig vor Augen zu haben. Denen,
„welche im Drucke leben, hilft er mit Gelde,
„wenn er welches hat, oder mit seinem Cre-
„dite, wenn er nicht bey Casse ist. Fehlts
„ihnen an Arbeit, so giebt er ihnen entwe-
„der in seinen eignen Diensten Etwas zu
„thun, oder er empfiehlt sie Buchhändlern,
„um einen oder den andern Entwurf auszu-
„führen, die er zu ihrem Unterhalte ausge-
„sonnen hat. An seinem Tische sind sie alle-
„mal willkommen, (welcher, obgleich nicht
prächtig, doch hinlänglich besetzt ist,) „und
„er leistet ihnen so viele Dienste, als in sei-
„nem Vermögen steht, und wenn sie die Ge-
„legenheit dazu finden, bedienen sie sich mit
„der zuversichtlichsten Vertraulichkeit seines
„Namens; ja sie machen sich kein Gewissen
„daraus, sich das Verdienst von einigen sei-
„ner Schriften anzumaßen, und man weis,
„daß sie ihre eigne Hirngeburten für aus
„seiner Feder geflossne Arbeiten verkauft ha-
„ben.

„ben. Der Schottländer, den Sie bey Ti-
„sche sahen, gieng einst unter seinem Na-
„men in ein Bierhaus in Westsmidfield, und
„ein Milchhöker schlug ihm unter diesem
„Charakter einige Löcher in den Kopf, weil
„er unehrerbietig von der christlichen Reli-
„gion sprach. Allein er verklagte ihn in sei-
„nem eignen Namen, und der Beklagte war
„nur froh, daß er ihn mit zehn Pfund da-
„hin vermochte, die Klage ruhn zu lassen.“
Ich machte die Bemerkung, daß sich alle
diese scheinbare Freygebigkeit des Herrn
S** sehr leicht erklären ließe, wenn man
annähme, daß sie ihm insgeheim schmeichel-
ten, und öffentlich sich unter seine Widersacher mischten; und dennoch wunderte es
mich, wenn ich daran dächte, daß ich diesen
Schriftsteller in Zeitungen, Gedichten und
fliegenden Blättern oft auf die giftigste Art
angegriffen gefunden, und daß dennoch keine einzige Feder zu seiner Vertheidigung ein-
getunkt worden wäre. — „Aber noch
„mehr wird Sie's wundern, (sagt' er)
„wenn ich Sie versichre, daß eben diese
„Gäste, die Sie heute an seinem Tische ge-
„sehn haben, die Urheber der meisten dieser
„gifti-

„giftigen Angriffe sind; und daß er die
„freundschaftlichsten Dienste, die sie ihm er-
„weisen, recht gut kennt; denn sie lauren
„sich unter einander auf den Dienst, um
„ihre Angeber zu seyn. — „Aber (versetzte
„ich) das heißt ja pur umsonst dem Teufel
„die Feuergabel nachtragen! Wie kommen
„sie denn dazu, ihren Wohlthäter so herum
„zu nehmen, wenn er ihnen gar nichts zu-
„wider thut? „Neid, (antwortete Dyck,)
„Neid ist der allgemeine Aufwiegler; allein
„es kommt noch dazu, daß sie die Striemen
„der kritischen Geißel brennen. S** be-
„sorgt ein kritisches Journal, worinnen
„ihre Werke nothwendiger Weise vor den
„Richtstuhl kommen müssen; und obgleich
„manche davon mit mehr Gunst und
„Glimpf wegkommen, als sie verdienen, so
„hat doch die geringste Erinnerung, welche
„nicht vermieden werden konnte, wenn der
„Recensent noch einigen Anspruch auf Ein-
„sicht und Unpartheylichkeit behaupten woll-
„te, einen solchen Groll in die Herzen die-
„ser Autoren geflößt, daß sie sich auf der
„Stelle an dem Kunstrichter, in anonymi-
„schen Schriften, Satyren und Pasquillen

„ge-

„gerächet haben. Das geht so weit, daß,
„einige wenige von seinen Freunden ausge-
„nommen, welche wissen, daß sie von sei-
„ner Kunstrichterey nichts zu besorgen ha-
„ben, alle übrige noch lebende Schriftsteller,
„gute, elende oder mittelmäßige, von dem
„Augenblicke an, da er dieses Amt über-
„nahm, seine öffentlichen oder geheimen
„Feinde geworden sind; und es gehört viel
„mehr Verstand dazu, als ich habe, zu er-
„forschen, was für Vortheil oder Vergnü-
„gen er davon hat, sich ein solches Horniß-
„senneßt um die Ohren zu bringen."

Ich gestund, daß es freylich nicht leicht auszumachen sey; allein ich ließ ihm doch noch meinen Wunsch merken, seine wahren Ursachen zu wissen, warum er seine Freundschaft gegen solche Schäcker fortsetzte, die eben so unbedeutend als undankbar wären. — Er erwiederte, er verlange nicht, daß er eine vernünftige für ihn angeben wollte; daß, wenn die Wahrheit heraus sollte und müßte, der Mann ein unverbesserlicher Thor in seiner Aufführung sey; daß, ob er gleich meynte, Wunder was für ein

Menschenkenner zu seyn, er doch mit seinen Diensten manche Sau ins Magnificat mach=te, indem er solche gemeiniglich an die un= würdigsten unter allen, die ihm darum an= lägen, verschwendete; daß freylich dieser Vorzug nicht so wohl von Mangel an Ein= sicht herrühre, als von Mangel an Ent= schließung; denn er habe nicht Standhaf= tigkeit genug, dem unverschämten Bitten des unwürdigsten Menschen zu widerstehn; und, da er den Werth des Geldes nicht kenne, so wäre eben kein Verdienst dabey, wenn er's so leicht wegschenkte; daß sein Stolz seine gute Rechnung dabey fände, eine solche An= zahl litterarischer Mund=Männer um sich her zu sehn; daß er wahrscheinlicher Weise sein Vergnügen daran finden müßte, wenn sie sich so einander verklagten; und endlich, daß er durch ihre Angebereyen alles erfühze, was im Buchmachergäßgen vorgienge, wo= von er halb und halb entschlossen sey, zur Belustigung des Publikums, eine Geschichte herauszugeben.

Ich fiel wider Willen durch Ibys Worte auf den Verdacht, daß er einen kleinen be=
son=

sondern Groll auf S** haben müßte, weil
er sein Betragen von der allerschlechtesten
Seite erklärte, und an dem Leitfaden einiger
Querfragen gelangte ich zu der Entdeckung,
daß er mit der Recension im Review von
seiner letzten Schrift gar nicht zufrieden sey,
ob sie gleich, zufolge der Fürbitte des Verfassers, bey dem Kunstrichter, glimpflich genug davon gekommen war. Alles wohl
überlegt, hat S** seine Schwachheiten und
seinen Eigensinn; er ist aber gewiß ein
Mann von aufgeräumtem und höflichen
Charakter, und finde ich auch nicht, daß
er im geringsten herschsüchtig, grausam oder
unversöhnlich von Gemüthe sey.

Ich habe mich so lange bey den Schrift-
stellern aufgehalten, daß Sie vielleicht auf
den Argwohn gerathen, ich sey willens,
mich in dieser Brüderschaft aufnehmen zu
lassen; allein, hätte ich auch wirklich Ge-
schick zu der Profession, so ist es doch, aufs
Beste genommen, nur ein verzweifeltes
Hülfsmittel gegen den Hunger; wobey
nichts aufs Alter oder Krankheiten zu er-
übrigen ist. Salomon sitzt gegenwärtig,

in einem Alter von achtzig Jahren auf einer
Dachkammer, und trägt für einen neuen
Geschichtschreiber Materialien zusammen,
der den Jahren nach sein Enkel seyn könn=
te, und ihm eine Guinee für den Bogen
giebt; und Salmanazar, nachdem er, mit
aller Mäßigkeit und Enthaltsamkeit eines
Morgenländers, ein halbes Jahrhundert
durch in der Mühle der Gelehrten gemahlen
hat, lebt nun von der Milde etlicher weni=
gen Buchhändler, die eben gerade zureicht,
ihn außer einem Armenhause zu ernähren —
Ich dächte Guy, der selbst ein Buchhändler
war, hätte wenigstens einen Flügel von sei=
nem Spitale für herunter gekommene Auto=
ren widmen sollen. Aber freylich ist kein
Spital, Collegium oder Arbeitshaus im
ganzen Königreiche, das groß genug wäre,
alle Arme von dieser Societät zu fassen,
weil sie aus dem Auswurfe aller übrigen
Professionen besteht.

Ich weis nicht, ob Sie an dieser Nach=
richt von einer närrischen Gattung von
Sterblichen einiges Vergnügen haben wer=
den, deren Verfassung gleichwohl, ich muß

es

es gestehn, meine Neubegierde sehr rege ge‑
macht hatte. Ich bin
Ihr

London,
den 10ten Junii.

ergebenster
J. Melford.

An Miß Latitia Willis, zu Glou‑
cester.

Meine liebste Freundinn,

Ich habe Etwas auf dem Herzen, das ich
mir nicht getrauen würde, Ihnen mit
der Post zu schreiben; da aber Frau Brent‑
woods wieder nach Hause reiset, so ergreife
ich diese Gelegenheit mit Begierde, um mein
Herz gegen Sie auszuschütten, das unter
Furcht und Kummer erliegt. — O Letty!
Was ist es doch für ein trauriger Zustand,
wenn man keine Freundinn hat, der man
seinen Kummer klagen, und bey der man
sich Raths erholen kann. Ich gab Ihnen
in meinem vorigen Briefe einen Wink da‑
von,

von, daß ein gewisser Herr Barton sich sehr zu mir thäte: Ich kann seine Meynung nicht länger verkennen — Er hat sich in aller Form für meinen Verehrer erklärt; und nach tausendfältigen Liebesbeweisen, nachdem er merkte, daß ich seine Zuneigung nur ganz kaltsinnig erwiederte, hat er zu Lady Grifkins Vermittelung seine Zuflucht genommen, welche sich seiner Sache als ein warmer Advocat angenommen hat. — Allein, meine liebste Willis, die gnädige Frau läßt sich die Sache zu sehr angelegen seyn. — Sie streicht nicht nur das große Vermögen, die vornehmen Verbindungen, in welchen er steht, und seinen unbescholtnen Charakter heraus, sondern sie giebt sich auch die Mühe, mich zu chatechisiren; und vor ein paar Tagen sagte sie mir rund heraus, daß ein Mädchen von meinen Jahren unmöglich so vielen Reizungen widerstehn könnte, wenn ihr Herz nicht schon vorher eingenommen wäre.

Dieser Vorwurf machte mein Gemüth so unruhig, daß sie nothwendig meine Verwirrung bemerken mußte, und stolz auf diese Entdeckung, bestund sie darauf, daß ich ihr

ihr die Neigung meines Herzens offenbaren
sollte. Jedoch, ob ich mich gleich nicht genug besaß, die Bewegungen meines Herzens zu verhehlen, so bin ich doch nicht solch
ein kleines Kind, daß ich seine Geheimnisse
einer Person anvertrauen sollte, die sie ganz
gewiß zu seinem Nachtheile anwenden würde. Ich sagte ihr, es wäre kein Wunder,
wenn ich aus meiner Fassung wäre, da Sie
ein Gespräch auf die Bahn gebracht, das
sich für meine Jahre und meine wenige Erfahrung nicht paßte; daß ich Herrn Barton
für einen würdigen Mann hielte, und ihm
für seine gute Meynung von mir sehr verbunden wäre; daß aber die Neigungen des
Herzens freywillig seyn müßten, und das
meinige hätte bis itzt noch nichts für ihn
empfunden. Sie schüttelte ihren Kopf mit
einer so mißtrauischen Miene, daß ich davor
zitterte, und sie machte die Anmerkung dabey, daß mein Herz, dafern es frey wäre,
sich dem Ausspruche der Klugheit unterwer-
fen würde, besonders wenn er durch diejenigen bestätigt würde, die ein Recht hätten,
über mein Betragen zu wachen. Diese Anmerkung schließt ein Vorhaben in sich, mei-

nen

nen Onkel und meine Tante, vielleicht gar auch meinen Bruder zu gewinnen, Herrn Bartons Parthey zu nehmen; und ich fürchte gar sehr, meine Tante ist schon gewonnen. Gestern Vormittag war er mit uns im Park spatzieren gewesen, und beym Nachhausegehn führte er uns in den Laden eines Galanteriehändlers, und schenkte ihr eine sehr hübsche Schnupftobacksdose, und mir ein goldnes Besteck, welches ich aber beständig ausschlug, bis sie mir, bey Strafe ihres Mißfallens, befahl, es anzunehmen: indessen, da es mir noch immer vorkam, als ob es sich für mich nicht schickte, diese Galanterie zu behalten; so entdeckte ich meinem Bruder meinen Zweifel, welcher sagte, er wollte darüber unsers Onkels Rath vernehmen, und schien der Meynung, Herr Barton wäre wohl ein wenig zu voreilig mit seinen Presenten gewesen.

Der Himmel weis, wie der Ausgang dieser Berathschlagung beschaffen seyn mag; allein ich besorge, sie wird eine Erklärung mit Herrn Barton veranlassen, der ohne Zweifel seine Absicht gestehn, und ihre Einwilligung zu einer Verbindung suchen wird,

welche

welche meine Seele verabscheuet. Denn, meine theureste Letty, es steht nicht in meinem Vermögen, Herrn Barton zu lieben, wäre auch mein Herz von keiner andern Zärtlichkeit eingenommen. Nicht als ob ich etwas Unangenehmes an seiner Person bemerkt hätte, sondern es fehlt ihm gänzlich an dem namenlosen Reiße, welcher das bezauberte Gemüth fesselt und beherrscht — Wenigstens däucht es mich so; allein hätte er auch alle die einnehmenden Eigenschaften, die eine Mannsperson besitzen kann, so würden sie dennoch gegen die Beständigkeit nichts ausrichten, welche, wie ich mir schmeichle, das unterscheidende Kennzeichen meiner Natur ist. Nein, meine liebste Willis, ich kann in neue Unruhen verwickelt werden, über das dringende Anliegen dieses Herrn, und durch die Zunöthigungen meiner Verwandten; aber mein Herz ist keiner Veränderung fähig.

Sie wissen, ich glaube nicht an Träume, und dennoch hat mich einer, den ich vorige Nacht gehabt habe, sehr beunruhigt. — Es kam mir vor, als wär' ich in einer Kirche, in welcher eine gewisse Person, die Sie kennen,

nen, auf dem Punkte stund, meiner Tante angetraut zu werden; Herr Barton war der Priester, und ich arme Seele stund halb nackt, ohne Schuh und Strümpfe, in einem Winkel und weinte. Ich weis ganz wohl, daß nichts so kindisch ist, als sich solche eitle Schattenbilder zu Herzen gehn zu lassen; aber nichts destoweniger hat dieser Traum, trotz meiner Vernunft, einen so starken Eindruck auf mein Gemüth gemacht, daß ich anfange darüber sehr traurig zu werden. Freylich hab' ich eine andre wesentlichere Ursache, betrübt zu seyn — Ich habe Religionszweifel, meine liebste Freundinn, welche mir schwer auf dem Gewissen drücken. Man hat mich beredet, nach einer methodisten Erbauungsstunde zu gehn, woselbst ich eine Rede anhörte, die mich tief in der Seele rührte — Ich habe recht herzlich gebetet, daß ich erleuchtet werden möchte, aber bis itzt empfinde ich diese inwendigen Bewegungen, diese Gnadenwirkungen noch nicht, welche die Merkmaale eines wiedergebornen Geistes sind; und deswegen fang' ich an, eine erschreckliche Angst über den Zustand meiner armen Seele zu fühlen.

Einige

Einige Perſonen aus unſerm Hauſe ſind vorzüglicher Gnaden gewürdigt worden, beſonders meine Tante und ihre Aufwärterinn, Jenkins, welche zuweilen ſolche Sachen reden, als ob ſie wirkliche Eingebungen hätten; alſo wird mirs wohl nicht an Vermahnungen und Beyſpielen mangeln, um meine Gedanken zu reinigen, und ſie von den vergänglichen Dingen dieſer Welt abzuziehen; die ich auch von Herzen gerne fahren laſſen wollte, wenn es in meinen Kräften ſtünde; aber um dieſes Opfer darzubringen, muß ich erſt durch den Beyſtand aus der Höhe dazu geſchickt gemacht werden, der bis itzt noch nicht verliehen iſt,

Ihrer

London,
den 10ten Junii.

unglücklichen Freundinn
Lydia Melford.

An

An Sir Watkin Philipps, im alten Jesuitercollegio zu Oxford.

Liebster Philipps,

Den Augenblick, da ich Ihren Brief empfangen, war ich darüber her, Ihren Auftrag zu besorgen. Mit Hülfe des Wirths zum weißen Ochsen entdeckte ichs, wo sich Ihr entlaufner Kerl aufhielt, und sagte ihm seine Untreue auf den Kopf zu — Der Bube war sichtbarlich betreten, da er mich zu Gesicht bekam, leugnete aber die Beschuldigung mit großer Zuversichtlichkeit ab, bis ich ihm sagte: wenn er die Uhr herausgäbe, welches ein Familienstück sey, so möchte er das Geld und die Kleider behalten, und damit zum Henker gehn, es sollte ihn niemand halten; wenn er aber in diesen Vorschlag nicht willigte: so wollte ich ihn den Augenblick den Händen eines Gerichtsbedienten überliefern, den ich des Endes mitgebracht hätte, und der würde ohne Umstände mit ihm zum Richter wandeln. Nach einigem Bedenken verlangte er in einem Zimmer ein

paar

paar Worte mit mir alleine zu sprechen. Hier gab er die Uhr mit Kette und allem Zubehör heraus, und ich habe solche unserm Wirthe zugestellt, der sie Ihnen mit der ersten sichern Gelegenheit übermachen wird. — So viel von Geschäfften!

Ich werde eitel werden, weil Sie sagen, daß Sie meine Briefe mit Vergnügen lesen; sie sind gewiß leer genug an Zufällen und interessanten Begebenheiten, und also muß Ihr Vergnügen nicht sowohl aus dem Inhalte als aus dem Vortrage entspringen; und wie Sie wissen, ist das mein eignes Verdienst. — Dergestalt aufgemuntert durch den Beyfall einer Person, deren feinen Geschmack und reifes Urtheil ich nicht länger in Zweifel ziehn kann, werde ich getrost mit unsern Memoires fortfahren. — Da es beschlossen ist, daß wir künftige Woche nach Yorkshire abreisen sollen, so gieng ich heute Morgen mit Onkel hin, einen Reisewagen zu besehn, den ein Wagner in unsrer Nachbarschaft zu verkaufen hat. — So wie wir ein schmales Gäßgen hinter Longacre hinuntergiengen, sahen wir einen Haufen Leute vor einer Thüre stehn, welche, wie

wie es schien, zu einer Methodistenversammlung führte, und man sagte uns, daß eben
ein Livreebedienter der Versammlung vor-
predigte. Neubegierig, diese Erscheinung
mit anzusehn, drängten wir uns mit vieler
Mühe hinein. Und wer sollte dieser Prediger anders gewesen seyn, als Humphry
Klinker, in selbst eigner Person. Er war
eben mit seiner Predigt zu Ende, und gab
einen Psalm auf, wovon er mit besonderer
Anmuth die erste Strophe vorsung. —
Aber hatten wir uns verwundert, Klinkern
auf der Kanzel zu sehn, so geriethen wir in
ein noch größers Erstaunen, alle Weiblein
aus unsrer Familie unter der Versammlung
anzutreffen. — Da waren Lady Griskin,
Fräulein Tabitha Bramble, Jungfer Jenkins, meine Schwester und Herr Barton,
und alle sangen mit großen Zeichen der Andacht ganz fleißig mit.

Ich konnte bey diesem lustigen Auftritte
kaum mein ernsthaftes Gesicht behalten;
allein der alte Herr verstund das Ding von
einer ganz andern Seite. Das Erste, was
ihm auffiel, war die Verwegenheit seines
Laqueyen, welchem er mit einer so gebietri-
schen

schen Stimme befahl, herunter zu kommen, daß Humphry es nicht für rathsam hielt, ungehorsam zu seyn. Er stieg den Augenblick ab, und die Leute kamen in Bewegung. Barton sah aus, wie ein geschornes Schaaf, Lady Griskin rutschte ihren Fächer auf und zu; Fräulein Tabby ergrimmte im Geiste, Liddy ward roth und bleich, und Jungfer Jenkins holte so tiefe Seufzer, als ob ihr das Herz zerplatzen wollte. Mein Onkel bat die Damen ziemlich spöttisch um Verzeihung, daß er sie in ihrer Andacht gestöret, und sagte, er brauchte den Prediger sehr nothwendig, welchem er befahl, einen Miethwagen zu schaffen. Als dieser alsobald am Ende des Gäßgens vorfuhr, führte er Liddy hinein, meine Tante und ich folgten ihm, und wir fuhren nach Hause, ohne uns weiter um die übrigen von der Gesellschaft zu bekümmern, welche noch in stillem Erstaunen verharrten.

Als Onkel bemerkte, daß Liddy in großen Aengsten war, nahm er eine mildere Miene an, und sagte ihr, sie sollte nicht besorgt seyn, denn er wäre über nichts unwillig, was sie gethan hätte. — „Ich kann es „wohl

„wohl leiden, (sagt' er,) wenn Du Lust an
„der Gottesfurcht hast, mein Kind; aber
„ich denke nicht, daß mein Laquey, für eine
„andächtige Seele von Deinem Geschlechte
„und Deiner Gemüthsart, ein schicklicher
„Gewissensrath sey — Wo anders nicht
„(wie ich lieber glaube) Deine Tante die
„Einzige ist, die diese Maschine in Gang
„gesetzt hat." Fräulein Tabitha schwieg
stille, kehrte aber das Weiße in den Augen
in die Höhe, als ob ihr Herz gen Himmel
seufzte. — Die arme Libby sagte, sie könne sich den Namen einer andächtigen Seele
nicht anmaßen; daß sie gedacht hätte, es
sey nichts Böses, eine andächtige Rede anzuhören, wenn sie auch ein Laquey hielte,
besonders wenn ihre Tante mit dabey wäre; wenn sie aber aus Unwissenheit geirret
hätte: so hoffte sie, er würd' es ihr verzeihen, da sie den Gedanken nicht ertragen
könnte, seinen Unwillen auf sich geladen zu
haben. Der alte Herr drückte ihr die Hand
mit einem sehr gütigen Lächeln, sagte, sie
sey ein gutes Kind, und daß er sie nicht für
fähig hielte, irgend etwas zu thun, worüber
er Ursach hätte, böse oder unwillig zu seyn.

Als

Als wir zu Hause kamen, befahl er Klinkern, ihm oben auf sein Zimmer zu folgen, und redete ihn da mit folgenden Worten an: „Weil Er vom Geiste getrieben wird, zu pre„digen und zu lehren, so ist es die höchste „Zeit, die Livree eines irrdischen Herrn und „Meisters abzulegen; und ich meines Theils „halte mich für unwürdig, einen Apostel in „meinem Dienste zu haben?" — „Ich hof„fe, (sagte Humphry) daß ichs an meiner „Pflicht gegen Ew. Gnaden nicht habe er„mangeln lassen. — Ich wäre sonst ein „elender, nichtswürdiger Mensch, in Anse„hung des Elendes, aus welchem mich Ew. „Gnaden Mitleiden und Barmherzigkeit be„freyet haben. — Aber da ich einen in„wendigen Beruf des Geistes." — „Beruf „des Satans! (fiel ihm Onkel ganz heftig in die Rede.) „Was Beruf, du Holzkopf? — „Was für ein Recht hat ein Kerl wie Er, „sich zum Bekehrer aufzuwerfen?" — „Ich „bitte, Ew. Gnaden wollen mir verzeihen; (versetzte Klinker,) „mag nicht das neue „Licht der Gnade Gottes den Armen und „Einfältigen am Geiste eben so wohl erschei„nen, als den Reichen und Weisen dieser „Welt

„Welt mit allen ihrem Stolze auf irrdische
„Weisheit?" — „Was Er für das neue
„Licht der Gnade hält, (sagte sein Herr)
„halte ich für ein betrügliches Irrlicht, das
„einen schwachen Schein durch eine Ritze in
„seinen Hirnkasten fallen läßt. — Kurz,
„Meister Klinker, ich will kein Licht in mei-
„nem Hause haben, als was durch die Fen-
„ster fällt, wofür ich dem Könige die Taxe
„bezahle, es müßte denn das Licht der Ver-
„nunft seyn, wovon Er sagt, daß Er ihm
„nicht folgen mag."

„Ach gnädiger Herr, (schrie Humphry)
„das Licht der Vernunft ist in Vergleichung
„des Lichts, das ich meyne, nichts weiter
„als ein Pfennigslicht gegen die helle Son-
„ne am Mittage." — „Sehr wahr, (sagte
Onkel) „das Eine kann Ihm den Weg er-
„leuchten, den Er zu wandeln hat, und das
„Andre sein schwaches Gehirn blenden und
„verwirren. — Hör' Er, Klinker, Er ist
„entweder ein listiger Heuchler, oder ein im
„Kopfe verwahrloseter Enthusiast; und Er
„sey nun welches von beyden Er wolle, für
„meinen Dienst ist Er untauglich — Ist Er
„ein heiliger, andächtiger Saalbader, so
„wirds

„wirds Ihm ein Leichtes seyn, den einfälti-
„gen Weibern und andern Säuglingen am
„Verstande Etwas weis zu machen, welche
„alsdann ihres letzten Hembdes nicht sparen
„werden, Ihn zu unterhalten — Ist Er
„aber wirklich selbst verführt von einer ver-
„borbnen Einbildungskraft, so ist es für
„das allgemeine Beste gut und nützlich,
„daß Er je eher je lieber gänzlich von Sin-
„nen kommt. Denn alsdann mag ein mit-
„leidiges Herz dafür sorgen, ihm eine dunkle
„Kammer und frisches Stroh in dem Toll-
„hause zu Bedlam zu verschaffen, woselbst
„es nicht mehr in seiner Macht steht, andre
„ehrliche Leute mit seinem fanatischen Krame
„anzustecken; wohingegen, wenn Er nur
„eben so viel Sinne übrig behält, den Cha-
„rakter eines auserwählten Rüstzeugs in
„den Versammlungen Seiner Auserwählten
„zu behaupten, so wird Er und seine Hörer
„von einem Irrwische sich so lange herum
„leiten lassen, bis alle bis über den Gürtel
„in einem Moraste der frömmelnden Rase-
„rey fest sitzen, und dann mag Er sich aus
„Verzweiflung erhenken." — „Ach da sey
„der barmherzige Heiland vor! (rufte der
„be-

bestürzte Klinker) „Es ist leider! sehr mög-
„lich, daß ich in den Stricken der Versu-
„chung des Satans gehe, der mich gern an
„eine Klippe des geistlichen Hochmuths wer-
„fen möchte, um daran Schiffbruch zu lei-
„den. — Ew. Gnaden sagen, ich bin ent-
„weder ein listiger Heuchler, oder nicht rich-
„tig im Kopfe; und, da ich Ew. Gnaden
„heilig betheuren kann, daß ich kein listiger
„Betrüger bin, so bitte ich Ew. Gnaden auf
„meinen Knieen, meinen Zustand recht zu
„überlegen, damit man zu meiner Besserung
„thun könne."

Der 'Squire konnte sich nicht enthalten, über die Einfalt des Menschen zu lächeln, und versprach, für ihn zu sorgen, mit dem Beding, daß er seine Dienste in Obacht nehmen, und nicht weiter hinter dem neuen Lichte der Methodisten her laufen sollte: allein Fräulein Tabitha ärgerte sich an seiner Armuth des Geistes, welche sie einem Mangel an göttlicher Kraft, und der Anhänglichkeit am Zeitlichen zuschrieb. — Sie hielt ihm vor, daß er nicht Freudigkeit genug habe, um des Gewissens willen zu leiden. — Sie führte ihm zu Gemüthe, daß
wenn

wenn er auch um des Zeugnisses der Wahrheit willen seinen Platz verlieren sollte: so würde die Fürsehung nicht ermangeln, ihm einen andern, vielleicht viel einträglichern, anzuweisen; und mit dem Bezeugen, daß es nicht sehr lieblich in einer Wohnung seyn könnte, wo eine Inquisition eingeführt wäre, begab sie sich in ein ander Zimmer.

Mein Onkel sah ihr mit einem sehr bedeutenden Blicke nach, dann wendete er sich zu dem neuen Redner, und sagte: „Er „hört, was meine Schwester sagt — „Kann Er bey mir nicht auf dem Fuße le„ben, als ich Ihm vorgeschrieben habe, so „liegt da der Weinberg der Methodisten vor „Ihm, und sie scheint sehr geneigt zu seyn, „Ihm des Tages Last und Hitze zu bezah„len." — „Mit Wissen und Willen, (ant„wortete Klinker,) möchte ich nicht gerne „eine Seele auf Gottes Erdboden beleidi„gen; das gnädige Fräulein sind immer „sehr gnädig gegen mich gewesen, seitdem „wir in London gewesen sind; und ihr Herz „ist sicherlich zu andächtigen Werken auser„wählt; und sie und Lady Griskin singen „beyde die Psalmen und geistlichen Lieder,

E 3 als

„als obs zween Cherubim wären — Aber
„ich muß auch Ew. Gnaden zugleich lieben
„und ehren — Es gebührt einem armen,
„unwissenden Menschen, wie mir, nicht, mit
„Herrn von Stande und Gelehrsamkeit zu
„rechten. — Und wenns auf Weisheit an-
„kömmt, so bin ich gegen Ew. Gnaden nur
„ein dummes Vieh; ich gebe mich also ge-
„fangen; und, mit Gottes Hülfe, will ich
„Ihnen folgen bis ans Ende der Welt,
„wenn Ew. Gnaden glauben, daß es nicht
„zu arg mit mir geworden ist, um frey her-
„um zu gehn." —

Sein Herr versprach, ihn noch einige Zeit länger auf die Probe zu behalten; alsdann verlangte er zu wissen, wie Lady Griffin und Herr Barton dazu gekommen, ihre andächtige Gesellschaft zu verstärken. Er erzählte ihm, daß es gerade Ihro Gnaden gewesen, die meine Tante zuerst nach der Andachtsübung mitgenommen habe, wohin er sie begleitet, und daß seine eigne Andacht durch eine Predigt des Herrn W**
entflammet sey: daß er auf diesem neuen Pfade durch die Postille des Predigers, die er sich gekauft, gestärkt und gegründet worden,

den, weil er sie mit großer Emsigkeit studirt habe; daß seine Reden und Gebete Jungfer Jenkins und die Hausmagd auf diesen neuen Fußsteig der Gottseligkeit gebracht; allein Herr Barton hab' er niemals vorher in der Stunde gesehn, als Heute, da er mit Lady Griskin gekommen wäre — Uebrigens gestund Humphry, daß er durch das Beyspiel eines Leinwebers, welcher den Preis einer mächtigen Zunge hatte, die Freudigkeit erlangt habe, öffentlich vor der Gemeine zu reden; daß er bey dem ersten Versuche einen so gewaltigen Trieb in sich verspürt, der ihn wirklich dahin gebracht habe, zu glauben, ihn triebe der Geist des Herrn, und daß er, sowohl in Lady Griskins als verschiednen andern Häusern, den Andachtsübungen beygewohnt habe.

Onkel war nicht so bald unterrichtet, daß die gnädige Frau das erste Rad in diesem Uhrwerke gespielt habe, als er den Schluß machte, sie habe sich bloß des Klinkers als eines Werkzeuges zu der Ausführung eines Plans bedient, mit dessen geheimer Absicht er völlig unbekannt wäre. Er machte die Anmerkung, daß Ihro Gnaden Gehirn eine

voll-

vollkommne Mühle für Projekte sey, und
daß sie und Tabby ganz gewiß geheime
Traktaten geschlossen hätten, deren Natur
er nicht ergründen könnte. Ich sagte ihm,
ich glaubte, es sey eben so schwer nicht,
den Anschlag der Tante Tabby zu merken,
welcher wäre, das Herz des Herrn Bartons
in ihre Schlingen zu bringen, und daß nach
aller Wahrscheinlichkeit Lady Griskin als
ihre Bundesgenossinn verführe, und daß
sich aus dieser Voraussetzung erklären ließe,
warum sie sich bemüht, ihn zur Pietisterey
zu bekehren; ein Umstand, der ein Band
der Seelen hervorbringen möchte, das leicht
zu einer ehelichen Vereinigung getrieben werden könnte.

Mein Onkel schien sich ungemein an der
Ausführung dieses Planes zu belustigen;
allein, ich gab ihm zu verstehn: daß Barton bereits sein Herz anderwärts im Stiche
gelassen; daß er den Tag vorher Libby mit
einem goldnen Bestecke beschenkt, welches
Tante sie genöthigt hätte, anzunehmen, in
der Absicht ohne Zweifel, damit sie zu gleicher Zeit eine Schnupftabacksdose einsäckeln
könnten;

können; daß mir meine Schwester diese Begebenheit erzählt, und ich mir darüber eine Erklärung vom Herrn Barton ausgebeten, welcher gestanden, daß seine Absichten rechtmäßig wären, und er bezeugt habe, er hoffe, daß ich gegen diese Verbindung nichts einzuwenden haben würde; daß ich ihm für die Ehre gedankt, die er unsrer Familie zugedacht, ihm aber gesagt hätte, es würde erforderlich seyn, ihren Onkel und ihre Tante um Rath zu fragen, unter deren Vormundschaft sie stünde; und daß ich gegen den Vorschlag nichts einzuwenden haben würde, wenn die ihn billigten, ob ich indessen gleich überzeugt wäre, daß bey einem Schritte, wobey es auf die künftige Glückseligkeit des Lebens meiner Schwester so sehr ankäme, man ihr keinen Zwang anthun würde; daß er mich versichert hätte, es könne ihm niemals einfallen, sich des Ansehns eines Vormundes zu Nutze zu machen, wenn er nicht seine Liebe dem geliebten Frauenzimmer selbst angenehm machen könnte; und daß er nicht länger anstehn würde, Herrn und Fräulein Bramble um Erlaubniß zu bitten, seine Hand und Vermögen

mögen meiner Schwester Libby anbieten du dürfen.

Onkel übersah den Vortheil einer solchen Verbindung keinesweges, und versicherte mich, er würde thun, was er könnte, um sie zu befördern; als ich ihm aber sagte, es schiene, als ob sich an Libbys Seite eine Abneigung fände, sagte er, er wolle es schon von ihr heraus zu bringen suchen; und, wenn ihr Widerwille zu stark wäre, würde er den Antrag des Herrn Barton höflich ablehnen; denn er dächte, daß bey der Wahl eines Ehemannes ein junges Frauenzimmer aus keiner Betrachtung in der Welt ihren Empfindungen entsagen dürfte — „Libby „ist nicht in so schlechten Umständen, (sagte „er,) um solch einen Preis ihre Kniee vor dem „Mammon zu beugen." Ich halte es für ausgemacht, daß die ganze Geschichte im Rauche auffliegen wird; ob sich gleich von der Gegend der Tabby her ein Gewitter zusammenzuziehen scheint, welche mit aller dunkeln Würde des Stillschweigens bey Tische saß, und ein gewaltiger Schauer von Beschwerden und Gezänke drohte. Da sie ganz gewiß den Herrn Barton zu ihrer

eignen

eignen Beute ausersehn hat; so kann sie
unmöglich seine Anwerbung um Libby be-
günstigen, und deshalb erwarte ich, daß
seine Liebeserklärung für Libby von etwas
Außerordentlichem begleitet werden wird.
Diese Erklärung wird ohne Zweifel in aller
Form vor sich gehn, sobald der Liebhaber so
viel Muth sammlen kann, das Ungewitter
auszuhalten, welches Tabbys fehlgeschlagne
Hoffnung erregen möchte. Denn ich bin
gewiß, daß er ihre Absicht auf seine Person
gemerkt hat. — Die besondre Art der Ent-
wicklung sollen Sie zu gehöriger Zeit erfahren; bis dahin verbleib' ich

London,
den 10ten Junii.

allezeit der Ihrige,
J. Melford.

An

An den Doctor Lukas.

Mein lieber Lukas,

Die betrügliche Stille hat nicht lange gewährt. Ich bin wieder in ein Meer von Verdrüßlichkeiten gestürzt, und die Schmerzen im Magen und Eingeweide sind wieder gekommen; so, daß ich glaube, ich werde wohl nicht im Stande seyn, meine vorgehabte Reise auszuführen. — Was für ein Satan trieb mich, mich mit einer Kuppel Weibsbilder auf diese Plagenjagd zu verfügen? Gestern kam meine liebwertheste Demoiselle Schwester (welche, im Vorbeygehn gesagt, sich seit einiger Zeit unter die Zahl der Heiligen gesammlet hat) in Begleitung des Herrn Barton in mein Zimmer, und verlangte mit gar stattlichem Wesen ein geneigtes Gehör — „Herr Bru„ber, (sagte sie) dieser Herr hat dir Etwas „vorzutragen, welches dir, wie ich mir „schmeichle, um desto angenehmer seyn „wird, da es dich von einer lästigen Gesell„schaft befreyen wird." Darauf nahm

Herr

Herr Barton ungefähr folgendermaßen das Wort: — „In der That, ich trage herzli=
„ches Verlangen, mit Ihrer Familie ver=
„wandt zu werden, mein Herr Bramble,
„und ich hoffe, Sie werden sich Ihres An=
„sehns nicht bedienen wollen, mir darinn
„zuwider zu seyn." — „Ansehn, Ansehn!
„(unterbrach ihn Tabby mit einiger Hitze,)
„Ich weiß von keinem Ansehn, das er bey
„dieser Gelegenheit brauchen könnte —
„Wenn ich ihm die Höflichkeit erweise, ihn
„von dem Schritte zu benachrichtigen, den
„ich zu thun gesonnen bin, so ist das Alles,
„was er vernünftiger Weise erwarten kann —
„Er würde, denk' ich, gegen mich in der
„Welt nicht mehr thun, wenn er willens
„wäre, seinen ledigen Stand zu vertau=
„schen — Kurz, Herr Bruder, ich habe
„des Herrn Bartons vorzügliche Verdienste
„so gut kennen gelernt, daß ich überredet
„worden bin, meinen Vorsatz, ein beständ=
„diges eheloses Leben zu führen, zu ändern,
„und meine Glückseligkeit in seine Hände zu
„legen, indem ich ihm ein gesetzmäßiges
„Recht über meine Person und Vermögen,
„so wie beydes ist, zum beliebigen Gebrauche
„über=

„übergebe. Es braucht itzt weiter nichts,
„als den Ehecontract ausfertigen zu laſſen,
„und der Herr Bruder wird mir den Gefal-
„len thun, und mir dazu einen Rechtsge-
„lehrten vorſchlagen." —

Sie können leicht erachten, was dieſe Ouvertüre für eine Wirkung auf mich that, da ich zufolge der Nachricht von meinem Neffen erwartete, Barton würde eine förmliche Anwerbung um Libby thun. Ich konnte mich nicht enthalten, mit ſtillſchweigender Verwundrung bald Tabby, bald ihren vorgeblichen Bräutigam anzugaffen, welcher letztre wie ein verwirrter Einfaltspinſel da ſtand, und den Kopf hängen ließ, bis er ſich unter dem Vorwande eines plötzlichen Schwindels wegbegab. Tabby that ſehr geſchäfftig, und wollte, er ſollte ſich eines Bettes im Hauſe bedienen; allein er beſtund darauf, daß er nach ſeinem Hauſe gehen müßte, um gewiſſe Tropfen zu nehmen, welche er für dergleichen Zufälle hätte; und damit beruhigte ſich ſeine Inamorata. — Indeſſen war ich arg in der Klemme, (ob ich gleich die Wahrheit vermuthete,) und wußte nicht, wie ich mich gegen Tabitha

tha nehmen sollte, als Jeronimus herein trat und mir sagte, er habe eben Herrn Barton vor Lady Griskins Thüre gesehn — Der Umstand schien einen Besuch von der gnädigen Frau vorzubedeuten, mit welchem wir denn auch in weniger denn einer halben Stunde beehrt wurden. — „Ich finde, (sagte sie) „meine lieben Freunde, daß hier „ganz artige Irrungen vorgegangen sind, „und bin gekommen, Ihnen heraus zu hel„fen." — Mit diesen Worten stellte sie mir folgendes Billet zu:

„P. P.
„So bald ich mich nur einigermaßen von „der heftigen Verwirrung erholt, in welche „mich der unglückliche Irrthum Ihrer Fräu„lein Schwester gestürzt hatte; habe ich für „meine Schuldigkeit gehalten, Sie zu ver„sichern, daß meine Pflichtsbezeugungen ge„gen Fräulein Bramble niemals die Schran„ken der gewöhnlichen Höflichkeit überschrit„ten haben; und daß mein Herz ohne alle „Veränderung an Miß Libby hängt, wie ich „die Ehre gehabt habe, ihrem Bruder zu „bezeugen, als er mich darüber befragt
„hat.

„hat. — Lady Griskin ist so gütig gewe-
„sen, nicht allein die Besorgung dieses Bil-
„lets, sondern auch die unangenehme Müh-
„waltung zu übernehmen, Fräulein Bramble
„aus dem Irrthume zu bringen, für welche
„ich die tiefste Ehrerbietigkeit und Hochach-
„tung hege, ob gleich mein Herz nicht mehr
„in meiner Gewalt steht. Ich habe die
„Ehre zu seyn u. s. w.

„Ralph Barton."

Als ich dieses Billet durchlaufen hatte, sagte ich der gnädigen Frau, daß ich Sie nicht länger abhalten wollte, den Freundschaftsdienst auszurichten, den sie über sich genommen hätte, und gieng mit Jerom in ein andres Zimmer. Hier dauerte es nicht lange, bis wir vernahmen, daß die Unterredung zwischen den beyden Damen sehr lebhaft wurde; und endlich hörten wir ganz deutlich gewisse zänkische Ausdrücke, denen wir, ohne Beleidigung des Wohlstandes, nicht länger anstehn konnten, Einhalt zu thun. Als wir in das Disputirzimmer traten, fanden wir, daß Libby sich unter die Streitenden gemischt hatte, und zitternd

zwi-

zwischen beyden inne stund, als ob sie in
Aengsten wäre, sie würden zu Etwas we-
sentlicherm, als bloßen Worten schreiten. —
Lady Grisklns Gesicht glich dem Vollmonde
in einem Windsturme, funkelnd, feurig und
drohend; derweile Tabby vor Grimm bleich
war, mit einem Gesichte, das Unglück und
Zwietracht verkündigte. — Unsre Ankunft
machte dem Wortkampfe ein Ende; allein
die gnädige Frau sagte, indem sie sich zu
mir wendete: „Cousin, ich kann nicht an-
„ders sagen, als daß Ihre Fräulein Schwe-
„ster die Mühe, die ich mir gegeben habe,
„Ihrer Familie zu dienen, mit großem Un-
„danke belohnt." — „Meine Familie ist
„Ihnen sehr verbunden, Malyd, (schrie
meine Schwester mit einer Art von hysteri-
schem Gelächter;) „aber wir haben kein
„Recht auf die Dienste einer so vornehmen
„Zwischenträgerinn." — „Bey alle dem,
„mein gutes Fräulein, Tabitha Bramble,
„werde ich mich mit der Betrachtung beru-
„higen, daß die Tugend ihr eigner Lohn ist:
„und mir soll man die Schuld nicht beyle-
„gen, wenn Sie länger fortfahren, sich
„lächerlich zu machen. Herr Bramble der
„wird,

„wird, ohne Zweifel, alles beytragen, was
„in seinen Kräften ist, eine Verbindung
„zwischen Herrn Barton und seiner Nichte
„zu befördern, weil eben so viele Ehre als
„Vortheil dabey ist; und ich wollte wohl
„behaupten, Miß Libby hat gegen einen
„Vorschlag nichts einzuwenden, der in aller
„Betrachtung darauf abzielt, sie auf Zeitle-
„bens glücklich zu machen? — Mylady
„werden mir verzeihen, (brach Libby mit
vieler Lebhaftigkeit aus,) „ich habe von dem
„Vorschlage nichts anders, als Elend zu
„erwarten; und ich hoffe, meine lieben Vor-
„münder haben zu viel Mitleiden mit mir,
„um meine Zufriedenheit gegen Ansehn und
„Reichthum zu vertauschen." — „Auf mein
„Wort, Miß Libby, (sagte sie,) das Bey-
„spiel Ihrer lieben Tante ist bey Ihnen nicht
„fruchtlos gewesen, seh' ich. — Ich ver-
„steh Sie ganz wohl, und will mich zu rech-
„ter Zeit weiter darüber erklären. Unter-
„dessen will ich mich Ihnen allen empfeh-
„len. — Gnädiges Fräulein, Ihre ganz
„unterthänigste Dienerinn!" sagte sie, indem sie ganz dicht vor meine Schwester
gieng, und einen so tiefen Knits machte,

daß

daß ich dachte, sie wollte sich auf türkisch nieder lassen. Diese Ehrenbezeugung erwiederte Tabby mit eben der Feyerlichkeit; und der Ausdruck der beyden Gesichter, während sie in dieser Stellung waren, würde kein übler Gegenstand für den unvergleichlichen Pinsel eines Hogarths seyn, wenn irgend, bey diesen kunst- und kennerlosen Zeiten, einer wieder aufstehn könnte.

Jeronimus begleitete die Lady zu Hause, damit er die Gelegenheit hätte, Herrn Barton das Besteck wieder zuzustellen, und ihm zu rathen, er möchte von seiner Bewerbung abstehn, die seiner Schwester so angenehm wäre; gegen diese war er gleichwohl bey seiner Zurückkunft sehr aufgebracht. — Lady Griskins hatte ihn versichert, Liddys Herz sey bereits in einen Andern verliebt; und da ihm hierbey augenblicklich die Idee von Wilson wieder in den Kopf kam: so gerieth sein Familienstolz in Bewegung — Er gelobte, sich an dem Landstreicher zu rächen, und war in der Fassung, mit seiner Schwester aus einem hohen Tone zu sprechen; allein ich verlangte, daß er seinen Zorn so

F 2 lange

lange unterdrücken sollte, bis ich erst unter vier Augen mit ihr gesprochen hätte.

Das arme Kind gestund, als ich über diesen Punkt ernsthaft in sie drang, mit einer Fluth von Thränen, daß Wilson wirklich nach der heißen Quelle zu Bristol, und sogar als ein verkleideter Schacherjude in unsre Wohnung gekommen sey; daß aber unter ihnen nichts weiter vorgefallen wäre, als daß sie ihn gebeten, er möchte sich gleich wegbegeben, wenn er noch einige Achtung für ihre Gemüthsruhe hätte; daß er sich also auch unsichtbar gemacht, nachdem er meiner Schwester Putzmädchen zu überreden gesucht hatte, ihr einen Brief zuzustellen; die es aber nicht thun wollen, indeß gleichwohl den Auftrag zu bestellen angenommen habe, daß er ein Edelmann von guter Familie sey, und in sehr kurzer Zeit unter diesem Charakter seine Anwerbung thun wolle. — Sie bekannte, daß, ob er schon in diesem Stücke sein Wort nicht gehalten habe, so wäre er ihrem Herzen doch nicht gleichgültig; versprach aber dabey feyerlichst, sie wollte sich inskünftige weder mit ihm noch sonst jemand im geringsten einlassen,

ſen, ohne mein und ihres Bruders Wiſſen und Willen.

Durch dieſe Verſichrung hat ſie ſich bey ihrem Bruder wieder ausgeſöhnt; aber der hitzköpfige Knabe iſt mehr als jemals wider Wilſon in Feuer und Flammen, den er nun als einen Betrüger anſieht, der ſchändliche Abſichten auf die Ehre ſeiner Familie hege. — Was Barton anbetrifft, ſo giengs ihm nicht wenig nahe, als er fand, daß er mit ſeiner Anwerbung ſo übel gefahren, und ihm ſein Präſent wieder zugeſtellt wurde; doch iſt er nicht der Mann, der ſich über einen unglücklichen Korb zu Tode grämen ſollte; und ich weis nicht, obs ihm nicht eben ſo lieb ſeyn wird, daß ihn Libby abgewieſen hat, als wenn er die Erlaubniß bekommen, ſeine Bewerbungen auf die Gefahr fortzuſetzen, täglich und ſtündlich die Rache und Heimtücke der Tabby beſorgen zu müſſen; als welche dergleichen Verachtung nie ungeahndet läßt. — Ich hatte nicht viel Zeit, über dieſe Vorfälle moraliſche Betrachtungen anzuſtellen; denn es kam ein Gerichtsbedienter und Häſcher ins Haus, mit einem Gewaltzettel vom Richter Buzzard, Humphry Klin-

kers

kers Koffer zu durchsuchen, den man eben als einen Straßenräuber eingezogen hatte. — Dieser Zufall brachte das ganze Haus in Verwirrung. Meine Schwester schalt den Gerichtsbedienten wegen seiner Dreistigkeit, in einem solchen Geschäffte in die Wohnung eines Edelmanns zu kommen, ehe er dazu Erlaubniß gebeten und erhalten hätte; ihr Mädchen bekam Ohnmachten vom Schreck, und Libby vergoß Thränen des Mitleidens über den unglücklichen Klinker, in dessen Koffer gleichwohl nichts gefunden ward, den Verdacht des Diebstahls zu bestärken.

Ich meines Theils zweifelte keineswegs, man müßte den Burschen für einen andern angesehn haben, und gieng auf der Stelle zum Richter, seine Loslassung zu bewirken; ich fand daselbst aber die Sache weit ernsthafter, als ich vermuthet hatte. Der arme Klinker stund zitternd vor den Schranken, umgeben mit Diebsfängern; und nicht weit von ihm stund ein dicker vierschrötiger Kerl von Postillion, sein Ankläger, der ihn in der Gasse gepackt hatte, und eidlich auf ihn aussagte: Er, besagter Klinker, habe den 15ten des vorigen Merzmonats auf der schwarzen
Haide

Haide einen Herrn in einer Postchaise beraubet, welche er, (der Postillion,) gefahren habe. — Diese eidliche Aussage war hinlänglich, den Verhaftsbefehl zu rechtfertigen; und also ward er nach Clerkenwell ins Gefängniß geschickt, wohin ihn Jeronimus in einer Kutsche begleitete, um ihn dem Gefängnißwärter bestens zu empfehlen, damit ers ihm nicht an solchen Bequemlichkeiten mangeln lassen möchte, die der Ort erlaubte.

Die Zuschauer, welche sich sammelten, den Straßenräuber zu sehen, waren scharfsinnig genug, etwas sehr spitzbübisches in seinem Gesichte zu entdecken, welches (mit ihrer Vergünstigung) das wahre Bild der Einfalt ist; und selbst der Richter legte einige von seinen Antworten sehr nachtheilig für ihn aus, welche, wie er sagte, nach den Wendungen und Ausweichungen eines erfahrnen Sünders schmeckten; nach meiner Meynung aber wäre es gerechter und menschlicher gewesen, solche auf Rechnung der Verwirrung zu schreiben, in die nach billiger Vermuthung ein armer Bauerkerl bey solcher Gelegenheit gerathen muß. Ich bin noch beständig überzeugt, daß er unschuldig ist; und

und in dieser Ueberzeugung kann ich nicht weniger thun, als meine äußersten Kräfte anzuwenden, daß er nicht unterdrückt werde. — Morgen soll mein Neffe zum Besuche bey dem Herrn fahren, der bestohlen worden, und ihn bitten, daß er so menschlich seyn und hingehen möge, den Gefangenen zu besuchen; und daß er, im Falle er ihn von der Person des Straßenräubers sehr verschieden findet, ein Zeuge für ihn seyn wolle. — Es mag nun mit Klinkern ablaufen wie es will, so wird mir doch diese verdammte Geschichte unerträglichen Verdruß machen. — Ich habe schon dadurch, daß ich aus des Richters Zimmer, wo ich im Gedränge stark geschwitzt hatte, gleich in die freye Luft gieng, eine fürchterliche Verkältung davon getragen; und ob ich gleich vom Podagra frey bleibe, wie ich doch, leider! nicht hoffen darf, so muß ich dennoch einige Wochen in London bleiben, bis der arme Teufel sein Urtheil bekommen hat; dergestalt ist es sehr wahrscheinlich, daß meine Reise nach Norden wohl auffliegen wird.

Wenn Sie irgend etwas in Ihrer philosophischen Kramtasche finden können, um mich in diesen meinen Sorgen und Kummer zu trösten, so bitte ich, theilen Sie es mit,

Ihrem

London,
den 12ten Junii.

unglücklichen Freunde,
M. Bramble.

An Sir Watkin Philipps, Baronet, im alten Jesuitercollegio zu Oxford.

Liebster Watkin,

Das Possenspiel ist aus, und es hat sich schon wieder ein ernsthafteres Drama angesponnen. — Unsre Tante that einen desperaten Angriff auf Barton, dem kein andrer Weg blieb, sich zu retten, als daß er sie im Besitz des Schlachtfeldes ließ, und seine Absichten auf Libby erklärte, die dann ihn wieder ausschlug. — Bey dieser Gelegenheit betrug sich Lady Griskin als sein Agent und Advocat mit solchem Eifer, daß sie

sie sich darüber mit Tabitha entzweyhete; und unter diesen beyden andächtigen Seelen folgte ein heftiger Wortwechsel, der gar leicht in Thätlichkeiten hätte ausarten können, wäre mein Onkel nicht dazwischen gekommen. Ein Zufall, der uns alle in Sorgen und Unruhe verwickelt hat, machte sie indessen wieder zu Freundinnen. Ich habe Ihnen zu erzählen, daß der arme Prediger, Humphry Klinker, gegenwärtig sein Amt unter den Missethätern in Clerkenwell-Gefängniß führt. — Ein Postillion hat ihn eidlich als einen Räuber angeklagt, deswegen konnt' er nicht losgebürget werden, sondern mußte ins Gefängniß, mein Onkel mochte dagegen sagen und thun was er wollte.

Alles wohl überlegt, kann der arme Kerl unmöglich schuldig seyn, und dennoch, fürcht' ich, ist er nicht ganz sicher vor dem Galgen. — Bey dem ersten Verhöre antwortete er mit so viel Verwirrung und Zurückhaltung, daß die meisten Leute, die sich he.beygedrängt hatten, ihn wirklich für einen Spitzbuben hielten, und die Anmerkungen des Richters bestätigten ihre Meynung.

Mel-

Meinen Onkel und mich ausgenommen, war nur noch ein einziger Mann da, welcher von dem Angeklagten günſtig zu denken ſchien.— Es war ein junger Mann, wohlgekleidet; und aus den verfänglichen Fragen, die er an den Ankläger that, hielten wirs für ausgemacht, daß er Student in irgend einem Juriſtencollegio ſey. — Er machte dem Richter freymüthige Erinnerungen über ſeine Härte, ſo nachtheilige Folgerungen aus des Angeklagten Antworten zu ziehn, und wagte es ſogar, mit ſeiner hochrichterlichen Weisheit über gewiſſe Punkte der Rechte zu diſputiren.

Mein Onkel ward entrüſtet über die ſchwankenden und nicht zuſammenhängenden Antworten Klinkers, welcher in Gefahr ſtund, ſich durch ſeine eigne Einfalt hinzuopfern, und rufte ihm zu: „In Gottes „Namen! Wenn Er unſchuldig iſt, ſo „ſag' Ers doch" — „Nein, (verſetzte „Klinker,) da bewahre mich Gott vor, „daß ich mich unſchuldig nennen ſollte, „da mein Gewiſſen mit Sünden beſchwert „iſt." — „Wie? Du haſt alſo den „Raub begangen?" — „Nein, gewiß „nicht;

„nicht; die Sünde hab ich, Gottlob! nicht „auf meinem Gewissen!"

Hier fiel der Richter ein, und sagte, der Kerl schiene geneigt, zu beichten und ein Complott angeben zu wollen, der Actuarius sollte nur gleich seine Beichte zu Protocolle nehmen; hier bezeugte Humphry, daß er die Beichte für einen papistischen Kunstgriff hielte, den die babylonische Hure erdacht hätte. Der Candidatus juris behauptete, der arme Kerl sey non compos; und ermahnte den Richter, ihn als einen Blödsinnigen frey zu sprechen. „Sie wissen recht „gut, (setzte er hinzu,) daß der Gefangene „den besagten Raub nicht begangen hat." —

Die Diebsfänger grinseten einander an, und der Richter erwiederte ganz unwillig: „Herr Martin, seyn Sie so gut, und be„kümmern Sie sich um Ihre eigne Sachen; „Sie sollen nächstens überzeugt werden, „daß ich die meinigen verstehe." Kurz, es war keine Remedur; der Verhaftsbefehl ward ausgefertigt, und der arme Klinker in einem Miethwagen, unter Aufsicht eines Gerichtsdieners, nach dem Gefängnisse geschickt, wohin ihn Ihr gehorsamer Diener beglei-

begleitete. Unterwegs wunderte ich mich nicht wenig, diesen Gerechtigkeitshandlanger zum Gefangenen sagen zu hören, er solle nur gutes Muthes seyn, denn er zweifle keinesweges, er würde mit ein paar Wochen Gefängniß frey kommen. — Er sagte, Se. Hochweisheiten wüßten sehr gut, daß Klinker an der That unschuldig wäre, und daß der eigentliche wahre Straßenräuber, der die Chaise bestohlen hätte, niemand anders sey, als ebenderselbe Herr Martin, der so nachdrücklich für den ehrlichen Humphry gesprochen.

Stutzig über diese Nachricht, fragte ich: „Warum leidet man denn, daß er so frey „herumgeht, und daß dieser arme Mensch „als ein Missethäter ins Gefängniß ge= „schleppt wird?" — „Wir haben genaue „Nachricht, (sagt' er,) von Martins Trit= „ten und Schritten. Allein, bis itzt haben „wir noch keine hinlängliche rechtliche Be= „weise zu seiner Ueberführung; und der „Richter konnte nicht umhin, diesen jungen „Menschen setzen zu lassen, weil der Postil= „lion eidlich wider ihn ausgesagt hat." — „Also wenn dieser Spitzbube von Postillion,

(sagte

(sagte ich,) "auf seinem Meineyde besteht, "so kann er diesen unschuldigen Menschen "an den Galgen bringen."

Der Gerichtsdiener meynte, er würde Zeit genug haben, sich auf sein obergerichtliches Verhör vorzubereiten, und könnte alsdann beweisen, daß er zur Stunde des Diebstahls an einem andern Orte gegenwärtig gewesen; oder Martin könnte auf einer andern That ertappt und eingezogen werden, in welchem Falle man von ihm erhalten könnte, daß er sich selbst zu dieser That bekennte; oder endlich, wenn alles fehlschlagen sollte, und der Zeuge bey seiner Aussage bliebe: so könnten ihn seine Richter der Gnaden des Königs empfehlen, in Ansehung seiner Jugend, und besonders, wenn kein anders ähnliches Verbrechen auf ihn gebracht würde.

Humphry gestund, er könne nicht sagen, daß er sich zu erinnern wüßte, wo er an dem Tage gewesen sey, da der Raub geschehen; noch weniger wüßte er von sechs Monaten her dergleichen Umstände beweislich darzuthun; ob er gleich wüßte, daß er damals das Fieber gehabt, so sey er doch dabey

dabey umhergegangen — Darauf seuf=
zete er mit gen Himmel gerichteten Augen:
„Des Herrn Wille geschehe! Soll dieß Lei=
„den über mich ergehn: so hoffe ich den
„Glauben nicht zu schänden, den ich, so
„unwürdig ich dessen bin, öffentlich be=
„kenne."

Als ich meine Verwundrung zu erkennen
gab, wie der Ankläger auf seiner Aussage
auf Klinkern beharren könnte, ohne im ge=
ringsten auf den rechten Räuber zu achten,
der ihm vor dem Gesichte gestanden, und
mit dem Humphry in der That nicht die
kleinste Aehnlichkeit hatte, gab mir der Ge=
richtsdiener, (der selbst ein Diebsfänger
war,) zu verstehn, daß Martin seine Sache,
unter allen Heerstraßenrittern, die er je ge=
kannt, am besten verstünde; daß er niemals
mit jemanden in Maskopey gewesen, oder
zu seinen Geschäfften sich fremder Hülfe oder
Nachrichten bediente, und nie anders, als
mit kaltem Blute und nüchternem Muthe an
sein Werk gienge; daß ihn seine Herzhaftig=
keit und Gegenwart des Geistes niemals
verließe; daß er sich keinesweges mit Uhren,
Ringen und dergleichen Kostbarkeiten behel=
lige;

lige, nicht einmal mit Bankzetteln; sondern sein Verkehr bloß mit klingender Münze, und zwar nur mit solcher triebe, die im Reich gäng' und gebe wäre; und daß er sich und sein Pferd dergestalt zu verstellen wüßte, daß es nach der That unmöglich sey, das Eine oder den Andern wieder zu kennen. — „Dieser große Mann (sagte er,) „hat seit fünf viertel Jahren auf zehn und „mehr Meilen um London herum über alle „Heerstraßen Landshoheit ausgeübt, und „hat in der Zeit mehr Thaten gethan, als „alle seine Zunftgenossen zusammen; denn „er verfährt mit denen, die ihm in die Hän„de fallen, so säuberlich, daß sie kein Ver„langen tragen, ihn im geringsten zu beun„ruhigen; bey alledem aber ist er doch nahe „am Ende seiner Laufbahn — Er flattert „itzt um den Richter herum, wie eine Mücke „um das Licht. — Ihm sind so viele Leim„ruthen gelegt, daß ich baare hundert Pfund „wetten will, er bummelt, eh noch Weyh„nachten ins Land kömmt."

Sollte ich es Ihnen gestehn, daß diese Schildrung, welche ein Buschklepper machte, und welche das, was ich selbst in seb-

nem

nem Betragen angemerkt hatte, noch er-
höhte, mich einen warmen Antheil an dem
Schicksale des armen Martins nehmen ließ,
den die Natur zu einem guten und nützlichen
Mitgliede der menschlichen Gesellschaft bestimmt zu haben scheint, die er itzt auszu-
plündern sucht, um zu leben? Es scheint,
daß er einige Zeit bey einem Holzhändler
Comptoirbedienter war, mit dessen Tochter
Martin sich heimlich verheyrathete, weswe-
gen er verabschiedet, und seine Frau aus
dem Hause gestoßen wurde. Sie überlebte
ihre Verheyrathung nicht lange, und Martin, der wieder aufs Pflaster gebracht worden, wußte seine Bedürfnisse auf keine andre
Art zu befriedigen, als daß er die Heerstraßen wählte, welche er bis diese Stunde
mit ungewöhnlich gutem Fortgange beritten
hat. Er macht dem Herrn Richter Buzzard,
General en Chef der Diebsfänger dieser
Hauptstadt, sehr ordentlich die Cour, und
zuweilen rauchen sie ganz freundschaftlich
zusammen eine Pfeife Toback, wobey gemeiniglich das Gespräch von den Erfordernissen
gültiger Zeugen und Zeugnissen ist. Der
Richter hat ihn treuherzig gewarnt, auf sei-

ner Hut zu seyn, und Martin hat sichs gesagt seyn laſſen. Bis hierher hat er mit einer Geſchicklichkeit, die dem Genie eines Cäſars oder Türenne Ehre machen würde, alle Bemühungen, Kunſt und Wachſamkeit Buzzards und ſeiner Spürhunde vereitelt; Eine Schwachheit hat er an ſich, welche allen Helden ſeiner Gattung ſchädlich geworden iſt, nämlich, eine unvorſichtige Anhänglichkeit an das ſchöne Geſchlecht; und, nach aller Wahrſcheinlichkeit, wird er von dieſer ſchwachen Seite angegriffen werden.

Dem Dinge viel Guts! Ich ſah Klinkers Perſon dem Kerkermeiſter von Clerkenwell überliefern, beſſem Wohlwollen ich ihn ſo nachdrücklich empfahl, daß er ihn ſo liebreich als möglich aufnahm, ob gleich die Nothwendigkeit erfoderte, ihn mit einer eiſernen Garnitüre zu ſchmücken, worinn er einen ſehr traurigen Aufzug machte. Der arme Menſch ſchien eben ſo innig über meines Onkels Güte gerührt zu ſeyn, als über ſein eignes Unglück. Als ich ihn verſicherte, daß nichts unterbleiben ſollte, ſowohl ſeine Befreyung zu bewirken, als auch bis dahin ſeine Gefangenſchaft erträglich zu machen,

fiel

fiel er auf die Knice, küßte meine Hand, die er mit seinen Thränen badete, und sagte mit Schluchzen: „O gütigster Herr, was „soll ich sagen? — Ich kann — nein — „ich kann nicht sprechen — mein armes „Herz will mir zerspringen, vor Dankbar= „keit gegen Sie, und meinen lieben — lie= „ben — eblen — großmüthigen Wohl= „thäter."

Ich versichre Sie, der Auftritt war so rührend, daß ich froh war, mich fortzu= reissen und nach Hause zu meinem Onkel zu kehren, der mich des Nachmittags zu einem gewissen Herrn Mead sendete, welches der Mann ist, der auf der schwarzen Haide be= stohlen worden. Da ich ihn nicht zu Hause fand, ließ ich mein Gewerbe zurück, und er kam heute Morgen bey uns vor, und ver= sprach ganz menschenfreundlich, den Ge= fangenen zu besuchen. Unter währender Zeit war Lady Griskin gekommen, unsrer Tante ihr feyerliches Beyleid über diese häusliche Widerwärtigkeit zu bezeugen, und diese kluge Jungfrau, deren Eifer sich abge= kühlt hatte, hielt es für wohlgethan, Jhro Gnaden so höflich zu begegnen, daß eine

G 2 augen=

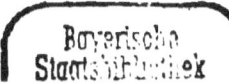

augenblickliche Versöhnung darauf erfolgte. Diese beyden Damen beschlossen, den armen Gefangenen persönlich Trost zuzusprechen, und Herr Mead und ich begleiteten sie nach Clerkenwell, weil mein Onkel wegen einiger Schmerzen im Magen und den Eingeweiden zu Hause bleiben mußte.

Der Gefängnißschließer, der uns zu Clerkenwell aufmachte, sah sehr mürrisch aus; und als wir nach Klinkern fragten, sagte er: „Ich wollte, er säße beym Satan; da ha„ben sie nichts gethan, als Singen und „Beten, so lange der Kerl dazu gekommen „ist. — Hohl' ihn sein Teufel! der Schank „muß zu Grunde gehn — Keine lumpen „Tonne Bier haben wir ausgezapft, oder „ein Dutzend Buddel Wein verkauft, seit„dem sein Hänselgeld vertrunken ist. Die „Herren berauschen sich mit nichts mehr, „als ihrer verwünschten Religion. Ich „wollte wohl schwören, Ihr Kerl hätt's mit „dem Teufel zu thun. Zwey oder drey „Männer, die so viel Herz haben, als nur „einer von allen, die die Haide bereiten, „haben Ihnen da die ganze Nacht nichts ge„than, als Heulen. Wenn wir den Kerl
„nicht

„nicht bald durch ein Habeas Corpus oder
„sonst los werden, so will ich mich wohl
„hängen lassen, wenn noch ein Körnchen
„ordentliche Korasche zwischen unsern vier
„Wänden bleibt. Wir behalten keine See-
„le, die unsrer Gesellschaft Ehre machen,
„oder als ein wahrer Engländer aus der
„Welt gehn wird. — Hohl's der Teufel!
„sie werden aufm Karren nichts thun, als
„winseln, wie die Mäuse — Wir werden
„alle noch beym Sterben singen, wie die
„Leinweber und Schuster, wenns donnert."

Kurz, wir fanden, daß Humphry in demselben Augenblicke den Missethätern in dem Gewölbe eine Vermahnungsrede hielt; und die Frau und Tochter des Kerkermeisters, mit sammt meiner Tante Stubenmädchen, Win Jenkins, und unsrer Hausmagd, waren unter den Zuhörern, welche wir dann augenblicklich verstärkten. Ich habe in meinem Leben nichts malerischers gesehn, als diese Versammlung von Spitzbuben, die mit den Ketten rasselten, in deren Mitte der Redner Klinker stund, und mit glühendem Eifer die Quaalen der Hölle abmalte, welche in der Schrift den Uebelthätern, als da sind,

Mör-

Mörder, Räuber, Diebe, Hurer und Ehe-
brecher, gedrohet werden. Die verschieb-
nen Arten von Aufmerksamkeit waren auf
den Gesichtern dieses Gesindels sehr lebhaft
ausgedrückt, und machten eine Gruppe, wo-
mit ein raphaelischer Pinsel Ehre hätte ein-
legen können. Auf dem einen las man,
Bewundrung; auf dem andern, Zweifel; auf
einem dritten, Leichtsinn; auf einem vierten,
Verachtung; auf einem fünften, Schrecken;
auf einem sechsten, Spott; und auf einem
siebenden, boshaften Unwillen — Jungfer
Winifred Jenkins schwamm in Thränen und
unterlag der Last der Betrübniß; ob über
ihre eigne Sünden, oder über Klinkers Unglück? das kann ich mir nicht getrauen zu
sagen. Die übrigen Damen schienen mit
einem Gemische von Verwunderung und
Andacht zuzuhören. Die Frau des Kerkermeisters erklärte, er sey ein Heiliger, unter
Kreuz und Leiden in der Prüfung, und sagte,
sie wünschte von ganzem Herzen, es möchte
in allen Gefängnissen von England eine so
gute Seele seyn, als er.

Als Herr Mead den Prediger sehr auf-
merksam betrachtet hatte, bezeugte er, sein

Ansehn

Ansehn sey von dem Ansehn der Person, die ihn auf der schwarzen Haide beraubt hätte, so verschieden, daß er mit gutem Gewissen schwören könnte, Klinker wäre nicht der Thäter: Allein Humphry selbst war itzt schon so ziemlich von der Galgenfurcht befreyet; denn seine Mitgefangene hatten ihn den Abend vorher schon ganz feyerlich verhört und freygesprochen; einige davon hatte er auch schon zu Bekehrten gemacht. Nunmehr stattete er uns den gehörigen Dank ab, für die Ehre unsers Besuchs, und erhielt die Erlaubniß, den Damen die Hände zu küssen, welche ihn versicherten, er könne sich auf ihre Freundschaft und ihren Schutz verlassen. Lady Griskin ermahnte in ihrem frommen Eifer seine Mitgefangene, sich der theuren Gelegenheit zu Nutze zu machen, da sich ein solcher Heiliger mitten unter ihnen in Banden befände, und ein neues Leben, zu ihrer Seelen Heil und Seligkeit zu beginnen; und damit ihre Vermahnung desto wirksamer seyn möchte, bekräftigte sie solche mit einer freywilligen Gabe.

Unterdessen daß sie, Tante Tabby und die beyden Mädchen im Wagen zurückfuhren, begleitete ich Herrn Mead nach dem Hause des Richters Buzzard, welcher, als er sein Zeugniß vernommen, sagte, sein Eyd wäre gegenwärtig von keinem Nutzen, er könnte aber beym Hauptverhöre einen sehr wesentlichen Zeugen für den Gefangenen abgeben. Also scheint für den armen Klinker nichts übrig zu bleiben, als Geduld; und in der That wird uns allen diese Tugend oder Medicin sehr nöthig seyn, besonders dem guten alten Onkel, der seinen ganzen Sinn auf die Reise nach Schottland gesetzt hatte.

Unterdessen daß wir den ehrlichen Klinker im Gefängnisse besuchten, empfieng mein Onkel einen viel außerordentlichern Besuch zu Hause. Herr Martin, dessen ich bereits mit allen Ehren erwähnt habe, verlangte die Erlaubniß, ihm aufzuwarten, und ward angenommen. Er sagte ihm, er habe gemerkt, daß er sich dessen, was mit seinem Bedienten bey dem Richter Buzzard vorgefallen, sehr herzlich angenommen habe, er wäre also gekommen, ihn zu versichern, daß er für Klinkers Leben nicht im geringsten besorgt seyn dürfe, denn, wofern es möglich,

daß

daß sich geschworne Männer fänden, die ihm auf ein solches Zeugniß das Leben absprächen, so wollte er, Martin, einen Menschen vors Gericht stellen, dessen Aussage ihn so rein machen sollte, als die Sonne am hellen Mittage —— Ich hoffe doch nicht, daß der Kerl so romanhaft seyn wird, sich selbst zu dem Raube zu bekennen! —— Er sagte, der Postillion sey ein infamer Kerl, der selbst im Diebshandwerke gepfuscht, und zu Old Bailey sein Leben dadurch gerettet hätte, daß er seine Genossen angegeben; daß er aus großer Armuth diesen verzweifelten Streich gewagt, das Leben eines unschuldigen Menschen wegzuschwören, in Hoffnung, bey seiner Verurtheilung den Angeberlohn davon zu tragen; daß er sich aber in seiner Rechnung betrogen finden würde, denn der Richter und seine Spießgesellen wären einmal entschlossen, in dieser Art von bürgerlichen Nahrung keinen Böhnhasen zu leiden; und daß er keineswegs zweifle, sie würden schon Stoff genug finden, den Zeugen selbst in die Falle zu bekommen, ehe das nächste Mal die Gefängnisse ausgeleert würden. Er behauptete, alle

alle diese Umstände wären dem Richter sehr wohl bekannt, und seine Strenge gegen Klinkern wäre nichts anders gewesen, als ein Wink an seinen Herrn, ihm heimlich ein Präsent, als eine Erkenntlichkeit für seine Rechtschaffenheit und Menschenliebe, in die Hand zu drücken.

Dieser Wink war indessen so wenig nach dem Geschmacke des Herrn Bramble, daß er mit großer Hitze betheuerte, er wolle sich lieber zeitlebens in London, so sehr ers haßte, aufhalten lassen, als dadurch die Freyheit erhalten, es Morgen des Tages zu verlassen, daß er der Gewohnheit, Richter zu bestechen, durch sein Beyspiel das Wort reden sollte. Als er gleichwohl hörte, wie günstig Herrn Meabs Aussage für den Gefangenen ausgefallen wäre, entschloß er sich, einen Rechtsgelehrten um Rath zu fragen, auf was Art man seine baldige Befreyung bewirken könne? Ich habe keinen Zweifel, dieser verwirrte Handel wird in Ein oder ein paar Tagen abgemacht seyn; und in dieser Hoffnung machen wir schon Anstalten zu unsrer Reise. Wenn unsre Bemühungen nicht fehlschlagen, so sind wir

schon

schon in vollem Marsche, ehe Sie etwas
weiter hören von
   Ihrem

Londen,
den 11ten Junii.

                        ergebensten
                        J. Melford.

An den Doctor Lukas.

Dem Himmel sey Dank! mein liebster Lukas, die Wolken haben sich verzogen,
und ich habe nun die heiterste Aufsicht für
meinen Sommerzug, den ich, wie ich hoffe,
werde morgen antreten können. Ich fragte
über Klinkers Fall einen Rechtsgelehrten,
und es hat sich ein Umstand ergeben, der
sehr günstig für ihn war. Der Kerl, der
ihn angegeben, ist in seine eigne Grube gefallen. Vor zwey Tagen ward er wegen eines Raubes auf der Heerstraße ergriffen,
und auf die Aussage eines Mitschuldigen
gefänglich hingesetzt. Klinker ward auf sein
                                        Ansu-

Ansuchen um die Rechtswohlthat Habeas Corpus vor den Lord Oberrichter gebracht, welcher auf das Zeugniß des Herrn, an dem der Raub begangen, „daß besagter „Klinker der Mann nicht sey, der ihn be- „raubet," sowohl, als in Betracht des Charakters des Postillions und seiner gegenwärtigen Umstände, so gut war, den Befehl zu geben, mein Bedienter sollte gegen Bürgschaft freygelassen werden; und so ist er zur herzlichen Freude aller meiner Hausgenossen auf freyen Fuß gekommen, bey denen er sich auf eine außerordentliche Weise beliebt gemacht hat, nicht allein durch seine Willigkeit und Dienstfertigkeit, sondern auch durch seine Gaben zu predigen, beten und singen, welche er so nachdrücklich an den Mann zu bringen gewußt hat, daß selbst Tabby ihn als ein auserwähltes Rüstzeug verehrt. Wäre bey diesem Uebermaße von andächtiger Frömmigkeit das geringste, was nach Kunst oder Heucheley schmeckte, so würde ich ihn nicht in meinem Dienste behalten; allein, so weit mein Urtheil reicht, ist des Kerls Charakter liebe heilige Einfalt, angefeuert von einer Art Enthusiasmus, der ihn sehr

sehr fähig macht, gegen seine Wohlthäter treu und dankbar zu seyn.

Weil er ein sehr guter Reiter und dabey ein Curschmidt ist, so hab ich einen fixen Wallachen für ihn gekauft, worauf er uns begleiten, und unterwegs ein Auge auf das Zugvieh haben soll, im Falle der Fuhrmann nachläßig ist. Mein Neffe wird gleichfalls reiten, und hat einen Bedienten auf die Probe angenommen, der eben mit seinem vorigen Herrn, Sir William Strollop, von Reisen gekommen ist, welcher sich für seine Ehrlichkeit verbürgt. Der Kerl, welcher Dutton heißt, scheint nach dem Petitmaiter zu riechen. — Er weis sein Wort Französisch, macht seinen Krätzfuß, lächelt avec grace, zuckt die Achseln, und nimmt seine Priese Toback á la mode de France; allein am meisten thut er sich auf seine Kunst und Geschicklichkeit im Friesiren zu gute. — Wenn mich der Anschein nicht sehr trügt: so ist er in allem Betracht Humphry Klinkers wahrer Gegenfüßler.

Meine Schwester hat sich wieder mit Lady Griskin auf einen freundschaftlichen Fuß gesetzt; obgleich, ich muß es gestehn, es

mir

mir nicht leid gethan haben würde, wenn ihre Bekanntschaft völlig wäre aufgehoben worden. Allein dem Herrn Barton zu verzeihen, der, wie ich höre, auf die Sommermonate nach seinem Landgute in Berkshire gegangen ist, das wäre freylich von Tabby zu viel gefodert. Ich kann mich der Vermuthung nicht erwehren, daß in den Friedenstractaten, die kürzlich unter diesen beyden Heldinnen geschlossen sind, ein Artikel sey, vermöge dessen die Lady ihr Möglichstes zu thun hat, der Tabby zu einem angenehmen Ehegenossen zu verhelfen, welche, wie es scheint, nicht mehr weis, an welchem Ende sie es angreifen soll, ihre ehrliebenden Absichten zu erreichen. Vielleicht ist auch der Mittelsperson eine ansehnliche Vergütung zum Kuppelpelze bestimmt, welche sie denn auch ehrlich verdienen wird, wenn sie einen Mann auftreiben kann, der seine fünf Sinne hat, und aus Liebe oder Eigennutz sich mit Tabitha Bramble in das eheliche Joch spannen lassen will.

Ich erfahre, daß mein Gemüth und meine Gesundheit auf einander wechselsweisen Einfluß haben; das heißt: alles, was

meine

meine Seele beunruhigt, bringt auch eine schmerzhafte Empfindung in meinem Körper hervor; und meine körperlichen Gebrechen werden merklich gemildert, durch solche Veranlassungen, welche die Wolken der finstern Gedanken zerstreuen. Die Gefangennehmung des Klinkers brachte die Zufälle hervor, deren ich in meinem Letzten erwähnte, und nun, bey seiner Freylassung, sind sie auch wieder verschwunden. — Ich muß freylich gestehn, daß ich einige mal von der Ginzengtinctur, die nach Ihrer Vorschrift gemacht worden, gebraucht, und solche dem Magen ungemein zuträglich befunden habe; allein die Schmerzen und Uebelkeiten kamen immer kurz nach einander wieder, bis die Sorgen meines Gemüths gänzlich entfernt waren, und da befand ich mich völlig gesund und wohl. Wir haben hier seit zehn Tagen, zum Erstaunen der Londner, schön Wetter gehabt, welche fürchten, das bedeute nichts gutes. Haben Sie in Wales daßelbe Glück: so hoffe ich, hat Barn mein Heu schon getrocknet und glücklich eingefahren. Da wir auf einige Wochen lang in Bewegung seyn werden: so kann ich nicht

hoffen,

hoffen, wie gewöhnlich Briefe von Ihnen zu erhalten; ich werde aber fortfahren, Ihnen von jedem Orte zu schreiben, wo wir uns einigermaßen aufhalten, damit Sie unsre Spur nicht verlieren, im Falle es nöthig seyn sollte, etwas zu schreiben,

Ihrem

London,
den 14ten Junii.

zuverläßigen Freunde
M. Bramble.

An Jungfer Maria Jones, zu Brambleton-hall.

Meine geliebte Mieckchen,

Ich kann nicht unterlassen an Ihr zu schreiben, sintemalen ich der Gelegenheit wahrnehmen muß, wie der liebe Mosgeh Klinkerg sagt, kaufet die Zeit aus, daß meine Base Jenkins den Brief mitnehmen kann; und da schick' ich Sie ein Schulbattenkamm zum ewigen Andenken, und eine Handvoll Ellen grünen Band, und eine
Pre-

Prebigt, von der Nichtheiligung der guten Werke, die in unſer heiligen Verſammlung geprebigt iſt; und iſt auch noch dabey ein Aberzedehbuch vor Salmeh, daraus kann ſie das Leſen lehren, denn wir frommen Chriſtenmenſchen ſorgen gerne vor die Seele unſers armen Nächſten, daß ſie nicht verdammet werden, darum daß ſie nicht leſen können, wie Salmeh. Was kann alles Andre in der Welt helfen? das Leben iſt ja doch nur ein Jammerthal! O Marickchen, das ganze Haus hat eine harte Prüfungsſtunde ausbaben müſſen! — Der arme Mosgeh Klinkerg iſt in eine harte Anfechtung gefallen, aber die Pforten der Hölle haben ihn doch nicht überwälzigen können. Seine Tugend iſt klares Gold, das ſiebenmal im Siebe geſiebt iſt. Sie hatten ihn hingeſetzt als einen Müßigthäter, der geſtohlen hätte, und ward vor den Richter Butßhart geführt, und der richtete ihm ins Gefängniß, und der arme junge Menſch mußte Ihr Ketten und Banden tragen, wegen des falſchen Eids, den ein ruchloſes Weltkind geſchworen hatte, der ihn ſein Leben abſchwören wollte, um das leidige Blutgeld.

Der Skweir that was er aus allen Kräften konnte, aber da half nichts, sie legten ihn Ketten an Händen und Füßen, und mußte sitzen unter den gemeinen Uebelthätern, als ein frommes Lamm unter Wölfen und Tygern. — Der liebe Gott weis, wie es den frommen Jünkling gegangen seyn könnte, hätte sich der Herr nicht an einen Mann gewendet, der einen langen grauen Barth hat, und wohl fünf hundert Jahr bey dem alten Herrn Old Bailey gedient hat, der Abias Korkus heißt, und (Gott sey bey uns!) ein Zauberer seyn soll. Aber das weis ich gewiß, wenn er einer ist: so hat er doch nichts mit den bösen Fierck zu thun, denn sonst würd er unsern Klinkerg nicht los gefochten haben, als er that, trotz den starken Mauren, den eisern Riegeln und Doppelschlössern, die Ihr aufsprangen, als er nur ein Wort sagte; denn der alte böse Widersacher hat keinen ärgern Feind auf der weiten Welt, als unsern Moßgeh Klinkerg, welcher auch wirklich ein treuer Arbeiter in dem Weinberge des Herrn ist; und ich sage hier nur, was meine liebe Fröhlen zu sagen pflegt, die auch schon zum Durchbruche ge-

kommen

kommen ist; und ich hoffe, daß ich, so unrein ich wohl bin, auch durch Kämpfen und Ringen auserwählt werden werde. Miß Libby hat ein paar große Erweckungen gehabt, aber sie ist noch zu blöde: doch glaube ich steif und fest, daß sie, und wir alle miteinander, durch Klinkers Bearbeitung, noch gesegnete Früchte tragen und Buße thun werden — Unser alte Herr aber und der junge Skweihr die haben bis diese Stunde noch kein Fünkgen vom neuen Lichte gesehen — Ich fürchte, ich fürchte, ihre Herzen sind verhärtet, durch weltliche Weisheit, die doch, wie die Bihbel sagt, für Gottes Augen stinkende Thorheit ist.

O, Maria Jones! thue Sie was Sie thut, und bete Sie ohne Ablas, und bereite Sie sich vor, daß das wunderthätige Werkzeug nicht vergebens an ihr arbeite, diesen Winter, da er, hoffe ich, zu Brambleton-hall, an uns allen geschäfftig seyn soll — Morgen sollen wir in einer Kutsche mit vier Pferden nach Gorkschier wegfahren; und ich glaube wir werden immer weiter reisen, soweit, daß ichs nicht sagen kann. Aber laß es so weit seyn, als es

will, meine Freunde will ich doch nicht vergessen, und Sie, liebe Mieckchen, an Sie will ich immer denken als
     Ihre
London,
den 14ten Junii.
       liebste
       Win Jenkins.

An Frau Gwillim, Haushälterinn zu Brambleton-hall.

Gute Frau Gwillims,

Es befremdet mich nicht ein wenig, daß ich auf den Brief, den ich vor einigen Wochen an Ihr erlassen habe, gar keine Antwort erhalten habe, worinn ich Sie von dem sauren Biere, von dem Gänserich und von der Butter schrieb, die die Mädchens nicht essen und nicht weggegossen werden sollte. — Wir werden nun eine lange Reise nach dem Nordpole antreten, derenthalben will ich Sie nur ermahnt haben, Ihre beyde Augen in die Hand zu
       nehmen,

nehmen, und zuzusehn, daß alles fein ordentlich im Hause stehe, so lange wir aus sind. Denn Sie weis wohl, Sie muß Rechenschaft thun von ihrem Haushalten, nicht bloß Ihrem Herrn, der auf Erden, sondern auch dem, der dort droben im Himmel ist; und groß wird ihr Lohn im Himmel seyn, wenn Sie einst als ein treuer Knecht erfunden wird. Ich hoffe, wenn wir wieder zu Hause kommen, sollen 400 Pfund Käse gemacht seyn, die ich zu Markte schicken kann, und so viel gesponnene Wolle, daß ein halb Dutzend Matratzen daraus gemacht werden können, und daß ich einen hübschen Pfennig Buttermilchsgeld finden werde, da die Ferkeln in die Buch- und Eichelmast geschickt werden sollen.

Ich habe auch dessenthalben an den Herrn Doctor geschrieben, aber der ist nicht so höflich gewesen, zu thun, als ob er meinen Brief empfangen hätte; und deswegen will ich ihn in meinem Leben keinen wieder schreiben, und wenn er mich auf den Kniehn darum bäte. Sie wird wohl thun, wenn sie ein gutes Auge auf den Tagelöhner Williams hat, der ist so einer von seinen Kreaturen, und im

Grunde

Grunde wohl nicht viel besser als er selbst: Gott bewahre mich, daß ich ein unchristliches Herz haben sollte. Nein, das nicht! Aber wer die Seinigen nicht versorgt, ist ärger denn ein Heide, und es giebt wohl kein christlichers Werk, als wenn man das Haus von solchen Ungeziefer reiniget. Ich meyne, daß die gesprenkelte Kuh nun wohl schon beym Pfarrbullen gewesen ist; daß die alte Bache wieder geworfen hat; und daß Claas schon gut mausen muß. Sey Sie ja so gut, Frau Guillims, und richte Sie alles aufs Beste ein, und sey so sparsam als möglich, und halte Sie die Mägde zur Arbeit. — Wenns nicht auf der Post gar zu theuer käme, so wollte ich ihnen schöne Psalmen schicken, die sie anstatt der weltlichen Lieder singen könnten; so aber nun kann ich nichts weiter thun, und Ihr alle müßt Euch behelfen mit dem Gebete und Fürbitte

Ihrer

London,
den 14ten Junii.

aufrichtigen Freundinn
S. Bramble.

An

An Sir Watkin Philipps, im alten
Jesuitercollegio zu Oxford.

Liebster Philipps,

Gleich den folgenden Tag, als ich Ihnen
mein Letztes schrieb, ward Klinker losgelassen — Der Angeber ward, wie es Martin vorhergesagt hatte, auf unverwerflicher Zeugen Aussage wegen Straßenraub in Verhaft genommen. Er war schon einige Zeit in den Stricken der Societät der Diebsfänger; welche ihm, zur Strafe seiner Verwegenheit, daß er ihnen in ihre ausschließende Rechte greifen und selbst ein Prämium einstreichen wollen, die Schlinge zugezogen, und auf die Aussage eines Mitschuldigen nach Newgate ins Gefängniß gebracht haben. Der Lord Oberrichter machte sich kein Bedenken, Klinkern zur Bürgschaft zu lassen, nachdem er den Ankläger in dem schwarzen Register der alten Sünder gefunden, und das beeidigte Zeugniß des Herrn Mead gelesen hatte, des Inhalts, daß Klinker die Person nicht sey, die ihn auf der

H 4 Schwar-

Schwarzenhalde beraubt hätte; und also
ward der ehrliche Humphry auf freyen Fuß
gesetzt. — Als wir zu Hause angelangt
waren, war er sehnlichst begierig, seinen
lieben Herrn zu sehn; und hier konnte er
nicht reden, aber sein Stillschweigen war
sehr rührend; er fiel zu seinen Füßen nieder,
umfaßte seine Kniee, und vergoß dabey
einen Strom von Thränen, welchen mein
Onkel nicht ohne Bewegung fließen sah. —
Er nahm mit einiger Verwirrung eine Priese
Toback; dann griff er in die Tasche, und
wünschte ihn auf eine wesentlichere Art, als
mit bloßen Worten, Glück zu seiner Freyheit. — „Klinker, (sagte er,) ich bin von
„Seiner Treue und Herzhaftigkeit so fest
„überzeugt, daß ich Ihn zu meiner Leib-
„wache unterweges machen will."

Er bekam also ein paar Holfter mit Pistolen an seinen Sattel, und einen Carabiner über die Schulter zu hängen; und nachdem alles Uebrige gehörig eingerichtet worden, machten wir uns vorigen Donnerstag,
Morgens um sieben Uhr, auf den Weg.
Mein Onkel mit den drey Frauenzimmern
in der Kutsche; Humphry auf einem tüchti-
gen

gen Wallachen, der für ihn gekauft war; ich selbst zu Pferde, begleitet von meinem neuen Bedienten Dutton, den ich auf die Probe genommen habe; ein großer Haasenfuß, frisch von Reisen gekommen. — Der Bursche trägt seine Solitaüre, schminkt sich, und nimmt Rappee mit allen den Grimassen eines französischen Marquis. Itzt trägt er indessen einen Reitrock, große Stiefeln, lederne Beinkleider, scharlachne Weste mit goldnen Litzen, Hut mit einer Treffe, Hirschfänger, französische Postpeitsche und sein Haar im Zopfe.

Wir waren noch keine drey Meilen gekommen, als mein Pferd ein Eisen verlor, so daß ich zu Barnet vorreiten mußte, um ein anders auflegen zu lassen, indessen daß die Kutsche über den Anger gemächlich fortfuhr. Ungefähr eine starke Viertelmeile diesseits Hatfield hielt der Postillion still, und gab Klinkern Nachricht, daß jenseits der Wiese ein paar verdächtige Kerle zu Pferde hielten, welche auf der Laure zu stehn schienen, den Wagen anzufallen. Humphry sagte solches den Augenblick meinem Onkel, mit der Versichrung, daß er bis auf

seinen

seinen letzten Blutstropfen festen Fuß bey
ihm halten würde, und damit nahm er seinen Carabiner von der Schulter, und machte sich fertig zum Treffen. Der 'Squire
hatte Pistolen in den Kutschtaschen, und
machte sich alsobald bereit, sie zu brauchen;
allein seine weiblichen Reisegefährten hielten
ihn nachdrücklich davon ab, indem sie sich
um seinen Hals schlungen, und laut an zu
schreyen fiengen — Wer sollte in diesem
Augenblicke mit vollem Gallopp angesprengt
kommen, als Martin, der Haideritter, welcher sich dem Wagen näherte, und die Damen bat, sie möchten sich nur einen Augenblick fassen. Dann zog er eine Pistole aus
dem Busen, und foderte Klinkern auf, ihm
zu folgen. Sie ritten auf die Gaudiebe los,
um ihnen eine Schlacht zu liefern, welche
dann, nachdem sie ihre Pistolen in großer
Entfernung abgefeuert hatten, queerfeldein
ritten. Sie waren noch beym Nachsetzen
der Flüchtlinge, als ich dazu kam, und nicht
wenig über das Geschrey in der Kutsche
beunruhiget ward, worinn ich meinen Onkel in heftiger Wuth fand, ohne Perucke
und in voller Arbeit, sich von Tabby und

den

den andern Beyden loszuwickeln, dabey er nicht wenig fluchte. Eh' ich noch Zeit hatte mich ins Mittel zu schlagen, kamen Martin und Klinker von ihrem Nachsetzen zurück, und der Erste machte uns allen sehr verbindliche Complimente, wobey er zu verstehn gab, daß die Kerle davon geflohen wären, und daß er glaubte, es wären ein paar liederliche Lehrbursche aus London. Er lobte Klinkers Tapferkeit, und sagte, wenn wirs ihm erlauben wollten, so würd' er sich die Ehre geben, uns bis Stevenage zu begleiten, woselbst er einige Geschäffte habe.

Der Alte, nachdem er sich gefasset und wieder zurecht gemacht hatte, war der Erste, der über seine eigne Situation lachte; aber es hielt schwer, ehe man Tabbys Arme von seinem Halse losflechten konnte; Libby zitterte wie ein Laub, und die Jenkins war, wie gewöhnlich, mit ihrem Zufalle bedroht. Ich hatte meinem Onkel die Beschreibung erzählt, die der Gerichtsdiener von Martins Charakter gemacht hatte, und er ward über das Sonderbare in demselben sehr stutzig gemacht. Er konnte nicht glauben, daß der Mensch einen Anschlag auf unsre

Gesell-

Gesellschaft hätte, weil sie so zahlreich und wohl bewaffnet war; er dankte ihm also für den eben erwiesenen Dienst, und sagte, seine Gesellschaft sollte ihm angenehm seyn, und bat ihn, zu Hatfield mit uns fürlieb zu nehmen. Diese Einladung möchte den Damen nicht angenehm gewesen seyn, hätten sie die eigentliche Profession unsers Gastes gewußt; allein die war allen, außer Onkel und mir, ein Geheimniß. — Tante Tabby war indessen auf keinerley Weise mit geladenen Pistolen von der Stelle zu bringen, und aus Gefälligkeit gegen sie und die beyden Andern wurden sie also abgeschossen.

Nachdem man ihr hierinn zu Willen gelebt hatte, ward sie sehr aufgeräumt, und war hernach beym Essen gegen Herrn Martin äußerst höflich und gefällig, dessen gute Lebensart und Gespräch ihr vorzüglich zu gefallen schien. Nach dem Essen kam der Wirth auf dem Hofe zu mir, und fragte mich mit einer bedeutenden Miene, ob der Herr, der den Schweißfuchs ritte, zu unsrer Gesellschaft gehöre? — Ich verstund, was er sagen wollte, antwortete aber mit Nein; er sey auf dem Anger zu uns gekommen,

und

und habe uns geholfen zwey Kerle wegzuja-
gen, die aussahen als Straßenräuber. Er
nickte dreymal ganz deutlich mit dem Kopfe,
als ob er sagen wollte, er kenne den Vogel.
Darauf erkundigte er sich, ob nicht einer von
diesen Kerlen eine falbe Stute, und der andre einen kastanienbraunen Wallach mit einer weissen Blesse geritten hätte? Und als
er seine Frage mit Ja beantworten hörte,
versicherte er mich: sie hätten noch diesen
nämlichen Morgen drey Postchaisen beraubt.
Ich erkundigte mich meiner Seits, ob er
Herrn Martin kenne? und indem er wieder
dreymal nickte, antwortete er: er habe
den wackern Herrn gesehen.

Ehe wir Hatfield verließen, heftete mein
Onkel seine Augen auf Martin, mit einem
Ausdrucke in Blicke, der sich leichter denken
als beschreiben läßt, und fragte ihn, ob er
dieses Weges öfter reisete? und er antwortete mit einem Blicke, welcher anzeigte, daß
er die Frage begriffe, er thäte in dieser Gelegenheit des Landes nur selten Geschäffte.
Kurz, dieser Glücksritter beehrte uns mit
seiner Gesellschaft bis nahe an Stevenage,
woselbst er sich von der Gesellschaft im Wagen

gen und mir sehr höflich beurlaubte, und auf einem Kreuzwege nach einem Dorfe zur Linken zu ritt. — Beym Abendessen ergoß sich Tante in Lobeserhebungen über Martins Verstand und gute Lebensart, und schien es zu bedauren, daß sie keine fernere Gelegenheit hätte, einige Erfahrungen mit seinem Herzen anzustellen. Des folgenden Morgens ward mein Onkel nicht wenig überrascht, als er von dem Hausknechte ein Billet bekam, welches folgendes enthielt:

„Hochzuehrender Herr,

„Aus Ihren Blicken habe ich, als ich
„die Ehre hatte, zu Hatfield mit Ihnen zu
„sprechen, sehr deutlich verstanden, daß
„Ihnen mein Charakter nicht unbekannt ist;
„und ich bin gewiß, es wird Ihnen nicht
„befremdend vorkommen, wenn ich sage,
„daß ich herzlich gerne meine gegenwärtige
„Lebensart gegen jede andre Art von ehr-
„licher Beschäfftigung vertauschen möchte,
„sie sey so niedrig als sie wolle, wenn ich
„mich dabey nur mäßig satt essen und sicher
„schlafen könnte. — Vielleicht denken Sie,
„ich wolle Ihnen schmeicheln, wenn ich sage,
„daß

"daß ich von dem Augenblicke an, da ich
"ein Zeuge von Ihrer großmüthigen Sorg-
"falt für Ihren Bedienten war, eine aus-
"nehmende Hochachtung und Ehrerbietung
"gegen Ihre Person empfunden habe; und
"dennoch ist es die Wahrheit, was ich sage.
"Ich würde mich sehr glücklich schätzen,
"wenn Sie mich in Ihren Schutz und Dienst
"nehmen wollten, als Hausverwalter, oder
"Schreiber, oder Aufseher über die Arbeiter,
"oder auch nur als Tafeldecker; denn für
"alle diese Stellen dächte ich nicht ganz un-
"geschickt zu seyn; und gewißlich würde ichs
"an Treue und Dankbarkeit nicht ermangeln
"lassen. — Unterdessen sehe ich sehr wohl
"ein, wie weit Sie von der gewöhnlichen
"Regel der Klugheit abweichen müssen,
"wenn Sie meine Versicherungen auch nur
"des Versuchens werth achten wollen; al-
"lein ich betrachte Sie auch nicht als eine
"Person, welche nach der gewöhnlichen und
"gemeinen Art denkt; und meine sehr kitz-
"lichen Umstände werden es entschuldigen,
"daß ich mich an ein Herz wende, das von
"Wohlthätigkeit und Mitleiden erwärmt
"wird. — Da ich vernommen, daß Sie
"ziem-

„ziemlich weit nordwärts zu reisen geden-
„ken: so will ich die Gelegenheit suchen, Ih-
„nen wieder zu begegnen, ehe Sie die Grän-
„zen von Schottland erreicht haben, und
„ich hoffe, Sie werden gegen die Zeit die
„wirklich betrübten Umstände in Erwägung
„gezogen haben

„Ihres

„gehorsamst ergebnen Dieners
„Eduard Martin."

Als Onkel diesen Brief gelesen hatte, gab
er mir ihn in die Hand, ohne eine Silbe
dabey zu sagen; und als ich damit fertig
war, sahn wir einander stillschweigend an.
Aus einem gewissen Funkeln in seinen Augen entdeckte ich, daß in seinem Herzen mehr
zu Martins Besten vorgieng, als er mit der
Zunge ausdrücken mochte; und das war
gerade der Fall mit meinen Empfindungen,
welche er nicht ermangelte, durch eben die
Sprache zu entdecken. — „Was sollen wir
„thun, (sagte er,) diesen armen Sünder
„vom Galgen zu retten, und ihn zum nütz-
„lichsten Gliede der menschlichen Gesellschaft
„zu machen? Und dennoch heißt das Sprich-
„wort,

„wort, hilf einem Diebe vom Galgen, und „er wird dir die Kehle zuschnüren." Ich sagte ihm, ich hielte wirklich dafür, Martin könnte wohl das Sprichwort zu einer Unwahrheit machen; und daß ich herzlich gerne das Meinige mit dazu beytragen wollte, ihm seine Bitte zu gewähren. Wir beschlossen über diesen Punct ferner zu Rathe zu gehn, und setzten indessen unsre Reise fort. Die Wege waren von dem häufigen Regen den Frühling durch so schlecht geworden, daß bey allem unserm Langsamfahren das Stoßen und Rütteln dem Onkel doch solche Schmerzen machte, daß er davon sehr übel aufgeräumt geworden war, als wir hier anlangten, ein Ort, der ungefähr drey kleine Meilen von der Poststraße, zwischen Wetherby und Boroughbridge, liegt.

Das Harrigate-Wasser, welches wegen seiner Tugend wider den Schaarbock und andre Krankheiten so berühmt ist, kommt aus einer reichen Quelle in einer Vertiefung auf einem wilden Anger, um welchen rund herum manche verschiedne Häuser zur Bequemlichkeit der Brunnengäste gebauet sind, wovon gleichwohl nur wenige bewohnt werden. Die meiste Gesellschaft nimmt ihre Wohnung in fünf besondern Wirthshäusern, die in verschiedenen Gegenden des Angers liegen, von da sie alle Morgen in ihren eignen Wagen nach der Quelle fahren. Die Gäste in einem jeden Wirthshause machen eine besondre Gesellschaft für sich, welche gemeinschaftlich essen; Sie haben ein geräumiges gemeinschaftliches Zimmer, in welchem sie an abgesonderten Tischen im Nachtzeuge Frühstücken, von acht Uhr des Morgens bis Eilfe, so wie ein jeder es gut oder bequem findet. — Daselbst trinket man des Nachmittags Thee, spielt Karten, und tanzt auch wohl des Abends. Eine Gewohnheit ist hier gleichwohl eingeführt, die ich für einen Verstoß gegen die gute Lebensart halte — nämlich das Frauenzimmer giebt gleichfalls Theecollationen, wenn es die Reihe trifft, und selbst Kinder von sechzehn Jahren sind von dieser schändlichen Auflage nicht ausgenommen. Alle Abende ist in einem der fünf Wirthshäuser nach der Reihe Subscriptionsball, und alle Gesellschaften aus den übrigen können auf Billets dabey erscheinen; und in der That kommt Harrigate,

gate, im Puncte der Lustbarkeiten und Zerstreuungen, Bath sehr nahe. — Mit diesem Unterschiede gleichwohl, daß man hier umgänglicher und geselliger ist. Eins von den Wirthshäusern ist schon voll bis ans Dach, indem sich darinn bereits funfzig Herrschaften und eben so viele Bediente befinden. Im Unsrigen sind noch nicht über sechs und dreyßig, und es sollte mir leid thun, unsre Anzahl vermehrt zu sehn, weil unsre Bequemlichkeit und Aufwartung diese Vermehrung eben nicht erlaubt.

Gegenwärtig ist die Gesellschaft angenehmer, als man von einer zufälligen Versammlung von Personen, die einander völlig fremde sind, erwarten sollte. — Es scheint die allgemeine Neigung unter uns zu herrschen, gute Nachbarschaft zu halten, und zum Besten derjenigen, welche ihrer Gesundheit wegen hier kommen, die Pflichten der Geselligkeit auszuüben. Ich sehe allerley Gesichter, die wir zu Bath verließen, obgleich der größeste Haufen aus den nördlichen Gegenden hier kommt, und man selbst aus Schottland nach diesem Gesundbrunnen reiset. Bey einer solchen Verschiedenheit müssen sich einige Originale finden, unter welchen Tante Tabby nicht das Unbedeutendste ist. — Kein Ort in der Welt, woselbst ein so ungezwungner Umgang unter beyderley Geschlechtern ist, kann einem Frauenzimmer von ihren Absichten und ihrem Temperamente zuwider seyn. Sie hat einigemal bey Tische einen warmen Wortwechsel mit einem lahmen Pfarrer aus Northumberland gehabt, über die Wiedergeburt und über die Nichtigkeit der guten Werke, und ihre Beweisgründe wurden von einem schottischen Juristen in einer Knotenperucke unterstützt, welcher zwar keine Zähne mehr hat, und seine Gliedmaßen nicht mehr brauchen kann, dennoch aber die Zunge mit vieler Schnelligkeit bewegt. Er hat ihr über ihre Frömmigkeit und Gelehrsamkeit so dicke Complimente gemacht, daß sie ihm ihr Herz erobert zu haben scheinen; und sie begegnet ihm dafür mit solcher Aufmerksamkeit, woraus eine Absicht auf seine Person hervorblickt; allein, beym Lichte besehn, ist er ein zu alter Fuchs, daß er nicht jedes Eisen von ferne riechen sollte, das sie ihm legen kann.

Wir

Wir sind nicht willens, lange zu Harrigate zu bleiben, ob wir gleich vors Erste unser Hauptquartier hier aufgeschlagen haben, aus welchem wir einige Nebenmärsche vornehmen werden, um zwey oder drey reiche Anverwandte zu besuchen, die in dieser Grafschaft wohnen. — Haben Sie die Güte, mich allen unsern Freunden im Collegio zu empfehlen, und glauben, daß ich sey

Ihr

Harrigate,
den 11ten Junii.

ergebenster
J. Melford.

An den Doctor Lukas.

Mein liebster Doctor,

In Betracht der Weg = und Brückengelder, die wir erlegen müssen, haben wir hier zu Lande große Ursache, uns über die schlechten Heerstraßen zu beklagen. Zwischen Neumarkt und Weatherby habe ich mehr vom

J 3 Stoßen

Stoßen und Werfen des Wagens gelitten, als in meinem übrigen Leben zusammengenommen, ungeachtet der Wagen sehr bequem ist, gut hängt, und der Postillion sehr behutsam fährt. Ich bin nunmehr glücklich zu Harrigate, in der neuen Schenke, unter Dach und Fach gekommen, und bin mehr hier aus Neugierde, als aus Absicht auf meine Gesundheit; und fürwahr! nachdem ich alles Anziehende des Orts reiflich erwogen habe, kann ich gar nicht begreifen, warum hier so viele Leute hergehn, es sey denn aus Eigensinn, welches wohl unser Nationalcharakter zu seyn scheint.

Harrigate ist ein wilder Anger, wüste und leer, ohne Busch und Baum, oder der geringsten Spur von Anbau, und die Leute, welche zum Brunnentrinken kommen, werden in lumpen Wirthshäuser gedrängt, in welchen die paar erträglichen Gelegenheiten in den Händen der jährlichen Gäste bleiben; die übrigen müssen sich mit schmutzigen Löchern behelfen, worinn sie weder Raum, noch Luft, noch Bequemlichkeit haben. Mein Zimmer hat ungefähr zehn Fuß ins Gevierte; und wenn mein Feldbette aufge-

schlagen

schlagen ist, so bleibt gerade so viel Platz, daß man zwischen dem Bette und dem Feuer durchgehn kann. Man sollte freylich denken, daß um Johannis kein Feuer mehr nöthig seyn müßte; aber hier ist die Jahrszeit noch so weit zurück, daß ein Eschenbaum, den unser Wirth vor meinem Fenster gepflanzet hat, eben anfängt Blätter zu treiben, und ich nehme noch gerne alle Abende mit meinem gewärmten Bette fürlieb.

Was das Wasser anbelangt, dem man so viele erstaunliche Curen zuschreibt: so hab' ichs einmal getrunken, und der erste Schluck hat mich von aller Begierde curirt, diese Medicin zu gebrauchen. Man sagt, es rieche nach faulen Eyern, andre vergleichen es mit mit dem Spühlig einer rein gemachten Flinte. Ueberhaupt hält man dafür, daß es stark von Schwefel geschwängert sey; und Dr. Shaw, in seinem Buche von mineralischen Wassern, sagt, er habe Schwefelflocken in der Quelle schwimmend gesehen — Pace tanti viri! Ich, meines Theils, habe weder in noch neben der Quelle das geringste wahrgenommen, das Schwefel ähnlich sey, eben so wenig hab' ich davon gehört,

J 4 daß

daß man jemals Schwefelsalz aus dem Wasser extrahirt hätte. Was den Geruch anbelangt, so riecht es, wofern mir erlaubt seyn mag, nach meinem eignen Sinnen zu urtheilen, genau wie Seewasser in Brandungen, und sein Salzgeschmack scheint anzudeuten, daß es nichts anders ist, als eine im Eingeweide der Erde verdorbne Salzlache. Ich war genöthigt, mit der einen Hand meine Nase zuzuhalten, indessen ich mit der andern das Glas zum Munde brachte; und nachdem ichs mit Müh' und Noth hinunter gebracht hatte, wards meinem Magen schwer, das Empfangne bey sich zu behalten. — Die einzigen Wirkungen, die es that, waren Uebelkeit, Bauchgrimmen, und unüberwindlicher Eckel. Mein Magen kehrt sich noch um, wenn ich nur daran denke. Die Welt läßt sich durch einen närrischen Eigensinn jämmerlich bey der Nase führen. Ich kann nicht umhin, zu argwöhnen, daß dieses Wasser seinen Ruhm größtentheils seinem eckelhaften Geruch und Geschmacke zu verdanken hat. Nach einer ähnlichen Analogie hat ein deutscher Arzt Schierling und andre Gifte, als

specifi

ſpecifiſche Mittel in der Materia Medica eingeführt. — Ich bin überzeugt, daß alle Curen, die man dem Harrigatewaſſer zuſchreibt, eben ſo gut, und auf eine unendlich angenehmere Weiſe, durch innerlichen und äußerlichen Gebrauch des Seewaſſers würden bewürkt worden ſeyn; Wenigſtens weis ich gewiß, daß das Letztre dem Geſchmack und Geruche viel weniger zuwider, als ein Purgiermittel minder heftig, und an andern mediciniſchen Eigenſchaften reichhaltiger iſt.

Vor zwey Tagen fuhren wir über Feld, zu einem Beſuche bey 'Squire Burdock, hier in der Grafſchaft, welcher eine Couſine von meinem Vater zur Frau hat, eine Erbinn, die ihm eine jährliche Rente von tauſend Pfund Sterling zubrachte. Dieſer Landjunker iſt ein erklärter Widerſacher des Miniſterii im Parlamente; und als ein Mann von ſo reichem Vermögen ſucht er eine Ehre darinn, auf dem Lande zu leben, und die alte engländiſche Gaſtfreyheit zu unterhalten. — Im Vorbeygehen geſagt, dieß iſt eine Redensart, welche die Engländer ſelbſt, ſowohl im Reden als Schreiben, häu-

häufig gebrauchen, außerhalb der Insel aber habe ich sie nie gehört, es sey denn ironisch oder satyrisch gebraucht. Es sollte mir lieber seyn, in fremden Geschichtschreibern, welche unser Land besucht, und also die wahren Gegenstände und Beurtheiler dieser Tugend waren, aufgezeichnet zu finden, worinn eigentlich die Gastfreyheit unsrer Vorältern bestanden, als in den Reden und Schriften unsrer neuern Engländer, welche solche nur aus Theorie und Muthmaßungen zu beschreiben scheinen. So viel ist gewiß, überhaupt werden wir von Fremden als ein Volk betrachtet, dem diese Tugend völlig mangelt, und ich bin auf meinen Reisen in kein Land gekommen, worinn ich nicht angesehene Personen angetroffen, die sich darüber beklagten, daß man in Großbrittannien gegen sie die Gastfreyheit bey Seite gesetzt hätte. Wenn ein Franzos, Italiäner oder Deutscher, der einen Engländer bey sich aufgenommen und ihm alle Höflichkeit erwiesen hat, hernach einmal seinen gewesenen Gastfreund in London antrifft: so wird er von ihm nach einem guten Gasthofe zu Tische genöthigt, da ißt er halb gares

Rind-

Rindfleisch und Butterbrodt, trinkt elenden Portwein, und hat die Erlaubniß, seinen Theil der Zeche so gut zu bezahlen, wie ein Andrer.

Aber von der Digreßion zurück zu kommen, die mich das Gefühl für die Ehre meiner Landsleute hat machen laſſen; — Unſer Vetter in Yorkſhire war ehedem ein gewaltiger Fuchsjäger; gegenwärtig aber iſt er zu fett und unbehülflich, um über Graben und Schlagbäume zu ſetzen; indeſſen hält er gleichwohl noch ſeine Kuppelhunde, die vortrefflich in Uebung ſind; und ſein Jäger unterhält ihn noch alle Abend mit der Jagdgeſchichte des Tages, welche er mit einem Tone und mit Ausdrücken erzählt, die gleich närriſch und wichtig ſind. Unterdeſſen läßt er ſich von einem Stallknechte den breiten Rücken kratzen — Dieſer Kerl, ſcheint es, hatte keine Luſt, andres Vieh, als das in ſeinem Stalle, zu ſtriegeln, und hatte alſo ſeine Nägel dergeſtalt ſpitzig eingekerbt, daß bey jedem Streiche das Blut nachfolgte — Er hoffte, er würde dadurch von dieſem unangenehmen Dienſt abgeſetzt werden; allein es fiel ganz anders aus, als er erwartet hatte.

hatte. — Sein Herr betheuerte, er wäre der beste Kratzer von allen seinen Leuten; und seitdem darf keiner von seinem übrigen Gesinde mehr einen Nagel an seinen Leichnam setzen.

Die Hausehre des gestrengen Junkers ist sehr hoffärtig, ohne steif oder unumgänglich zu seyn. — Sie nimmt sogar Leute, die am Reichthum geringer sind, als sie, mit einer Art von prahlerischer Höflichkeit auf; aber dann denkt sie auch ein Recht zu haben, ihnen mit der beleidigendsten Freyheit im Reden zu begegnen; und unterläßt niemals, sie fühlen zu lassen, daß sie weiß, daß sie um so viel reicher ist. — Kurz, sie spricht von keiner lebendigen Seele Gutes; und hat auf dieser weiten Welt keinen einzigen Freund. Ihr Ehemann haßt sie aus vollem Herzen, allein obgleich zuweilen der Stier so mächtig in ihm ist, daß er seinen Willen haben muß, so schmiegt er sich doch gewöhnlich unter ihr Joch, und fürchtet sich, wie ein Schulbube, vor der Geisel ihrer Zunge. Auf der andern Seite besorgt sie dann auch, das Ding zu weit zu treiben, er möchte sonst wild werden, und das Joch gar

gar abwerfen. — Derohalben sieht sie den
täglichen Beweisen geruhig zu, die er von
seiner Liebe zur engländischen Freyheit ablegt, indem er bey Tische alles sagt und
thut, was ihm seine ungezähmte Grobheit
eingiebt, oder seine körperliche Bequemlichkeit befördern mag. Das Haus ist groß
genug, aber weder zierlich noch angenehm
und bequemlich. — Es geht darinne zu,
wie in einer großen Herberge, voller Fremden, welche an des Wirths Tische essen,
der sehr reichlich mit Essen und Trinken besetzt, und an welchem der Wirth zu viel ist;
und ich möchte lieber mit einem Einsiedler
Müsse und Wurzeln essen, als die schönsten
Leckerbissen mit einem Schweine. Die Laqueyen könnte man füglich mit den Kellnern
und Hausknechten in einem Wirthshause
vergleichen, wenn sie nicht unachtsam und
heißhungrig wären; allein sie sind überhaupt grob und nachläßig, und so gierig,
daß ich denke, ich kann im besten Gasthofe
zu London essen, ohne daß mirs so theuer
kommt, als eine Mahlzeit auf Vetters
Schlosse in Yorkshire. Der 'Squire ist
nicht nur mit einer Frau heimgesucht, sondern

dern auch mit einem einzigen Sohne geseg-
net, der ungefähr zwey und zwanzig Jahr
alt, und eben als ein starker Geiger und
Dilletante aus Italien zu Hause gekommen
ist; der keine Gelegenheit vorbey läßt, bey
welcher er die vollkommenste Verachtung für
seinen eignen Vater an den Tag legen kann.

Als wir anlangten, war eine fremde Familie im Hause, um diesen Virtuosen zu besuchen, mit welchem sie zu Spaa Bekanntschaft gemacht hatte. Es war der Graf
von Melville mit seiner Gemahlinn auf dem
Wege nach Schottland. Dem Junker
Burdock war ein Zufall überkommen, der
den Grafen und mich vermocht haben würde, gleich wieder wegzufahren, allein der
junge Herr und seine Frau Mama bestunden
darauf, daß wir zu Mittage bleiben sollten;
und ihre Heiterkeit schien durch die Begebenheit so wenig unterbrochen zu seyn, daß
wir ihre Einladung annahmen. — Der
alte 'Squire war des Nachts vorher in einer
Postchaise zu Hause gebracht worden, mit
so übel zugerichtetem Kopfe, daß er in völ-
liger Betäubung zu seyn schien, und immer
sprachlos geblieben war. Ein Apotheker
vom

vom Lande, Namens Grieve, der auf einem
benachbarten Dorfe wohnte, war zur Hülfe
herbey gerufen, hatte ihm zur Ader gelaſſen, ihm einen warmen Umſchlag um den
Kopf gelegt, und erkläret, daß weder ein
Fieber, noch ſonſt ein böſes Anzeigen vorhanden ſey, den Verluſt der Sprache ausgenommen, wofern er anders dieſes Vermögen wirklich verloren habe. Der junge
'Squire aber ſagte, dieſer Landarzt ſey ein
Ignorantaccio, die Hirnſchädel wäre ihm
zerbrochen, und es wäre nöthig, daß er
ohne Zeitverluſt trepanirt würde. Seine
Mutter, die ſeiner Meynung beygefallen,
hatte einen Expreſſen nach York zu einem
Wundarzte geſchickt, um die Operation zu
verrichten, und er war bereits mit ſeinem
Lehrjungen und ſeinen Inſtrumenten angelangt. Nachdem er den Kopf des Patien-
ten examinirt hatte, hub er an, ſeine Ban-
dagen auszukramen; obgleich Grieve immer
auf ſeiner Meynung blieb, daß keine Fractur
vorhanden ſey, und um deſtomehr darinn
beſtärkt wurde, weil der 'Squire die Nacht
geruhig geſchlafen hatte, und keine Ver-
wirrungen oder Zückungen gezeigt habe.

Der

Hülfe eines Bedienten in völlige Kleidung gekommen war, stellte sein Sohn ihm den Grafen, mich und meinen Neffen vor, und er empfieng uns mit seiner gewöhnlichen bäuerischen Höflichkeit; darauf wendete er sich zu dem Signor Macaroni und sagte mit einer spöttischen Grimasse zu ihm: „Ich will „Dir was sagen, Dirck, die Brägenpfanne „eines Menschen braucht nicht gleich gebohrt „zu werden, wenn ihm einmal ein paar „Löcher in den Kopf geschlagen sind; und „Du sollst sehn, mit sammt Deiner Mutter, „daß ich so viel Schliche kenne, als der li- „stigste alte Fuchs in seinem Holze."

Wir haben nachher erfahren, daß er in einem Wirthshause mit einem Acciseinnehmer Händel bekommen, den er auf ein Stockduell herausgefodert, in welchem er den Kürzern gezogen hat; und daß die Schaam über diese Niederlage ihm die Zunge gebunden hatte. Seine Hausehre hatte keinen Kummer über sein Unglück empfunden, und freuete sich auch nicht, als sie seine Besserung vernahm. — Sie hatte sich ein wenig mit meiner Schwester und Nichte ins Gespräch eingelassen, aber mehr

in

in der Absicht, ihrem Muthwillen Raum zu geben, als aus irgend einiger Achtung für unsre Familie. — Sie sagte, Libby wäre angezogen, wie ein Buhbah! und befahl ihrem Kammermädchen, ihr vor Tische noch den Kopf aufzusetzen; mit Tabby aber wollte sie sich nicht abgeben, deren Zorn, wie sie bald merkte, man nicht ungestraft reitzen dürfte. Bey Tische erkannte sie mich in so ferne für ihren Anverwandten, daß sie sagte, sie habe wohl von meinem Vater sprechen gehört; ob sie gleich sich dabey merken ließ, er sey mit ihrer Familie deswegen zerfallen, daß er in Wäles eine arme Heyrath getroffen habe. Sie that bis zum Unangenehmen vertraut in ihren Erkundigungen nach unsern häuslichen Umständen, und fragte mich, ob ich aus meinem Neffen einen Advocaten zu machen dächte? Ich sagte ihr, er habe so viel, daß er als ein unabhängiger Mann leben könnte, und sollte also kein ander Gewerbe treiben, sondern auf seinen Landgüthern wirthschaften, und daß ich hoffen könnte, ihm Sitz und Stimme im Parlamente zu verschaffen. — „Sagen Sie mir „doch, Vetter, (sagte sie,) was bringen
„seine

„seine Güther wohl jährlich ein?" Als ich ihr antwortete, daß er mit dem, was ich ihm geben könnte, jährlich über zwey tausend Pfund haben möchte, versetzte sie mit einem hönischen Kopfschütteln, daß es ihm mit einem so armseligen Einkommen unmöglich seyn würde, seine Unabhängigkeit zu behaupten.

Diese übermüthige Anmerkung machte mir das Blut so warm, daß ich ihr sagte, ich hätte die Ehre gehabt, mit ihrem Vater im Parlamente zu sitzen, als er noch wenig mehr, als die Hälfte dieses Einkommens, gehabt; und ich glaubte, es wäre kein unabhängigers und vor allen Bestechungen sicherers Mitglied im ganzen Hause zu finden gewesen. „Ja, ja; (rufte der 'Squire,) „aber die Zeiten haben sich geändert — „Wir Edelleute auf dem Lande leben heut „zu Tage auf einen ganz andern Fuß. — „Mein Tisch allein kommt mir jedes Quar„tal auf gute tausend Pfund, obschon ich „von meiner eignen Landwirthschaft das „meiste im Hause habe, und meine Weine „selbst verschreibe, und alles aus der ersten „Hand habe. — Freylich thue ich auch
„was

„was für die Ehre unsers alten Englands, „und mein Haus steht jedermann offen, der „mit mir fürlieb nehmen will." — „Ho, „wenn das ist, (sagte ich,) so wundert „michs, daß Sie mit so wenigem reichen; „aber man kann nicht von jedem Landedel‑ „manne erwarten, daß er für die Bequem‑ „lichkeit der Reisenden eine öffentliche Cara‑ „vansera halten soll: und auch das ist wahr, „wenn jedermann auf eben die Art wirth‑ „schaftete: so würden Sie keine so große „Anzahl Gäste an Ihrem Tische haben, und „also würde denn auch Ihre Gastfreyheit „nicht so helle zur Ehre dieser Grafschaft „hervorleuchten." Der junge Squire, den diese Anmerkung kitzelte, rufte aus: „O che burla!" — Seine Mutter maaß mich stillschweigend mit den Augen, und der Vater nahm ein volles Glas und sagte: „Ihre Gesundheit, Vetter Bramble; ich „habe wohl gehört, die Luft in den wäli‑ „schen Gebürgen soll immer so ein bischen „scharf und schneidend seyn."

Der Graf von Melville gefiel mir sehr; er hat Verstand, ist höflich und ungezwun‑ gen; und die Gräfinn ist das liebenswür‑
digste

bigſte Frauenzimmer, das ich nur geſehen habe. Des Nachmittags nahmen ſie von Wirth und Wirthinn Abſchied, und der junge Herr ſtieg zu Pferde, um ihre Kutſche durch den Park zu begleiten, derweile einer von ihren Bedienten nach dem Wirthshauſe ritt, die übrigen von ihren Leuten, die ſie daſelbſt gelaſſen hatten, aufbrechen zu laſſen. Sie hatten nicht ſobald den Rücken gewendet, als der Tadelteufel von unſrer Frau Wirthinn und meiner Schweſter Tabby Beſitz nahm. — Die Erſte meynte, die Gräfinn ſähe noch ſo ganz gut aus, hätte aber nicht die geringſte feine Erziehung, und deswegen fiele ihr alles ſo einfältig zu. Der 'Squire ſagte, er gäbe ſich eben nicht damit ab, von andrer Zucht zu ſprechen, als von der Füllenzucht; aber es würde doch ein recht hübſch Ding ſeyn, wenn ſie etwas mehr bey Fleiſche wäre. „Schön! rufte „Tabby, ſie mag ja! ein paar ſchwarze Au- „gen hat ſie, wenn ſie nur was ſagten; und „denn hat ſie auch nicht eine einzige hübſche „Miene im Geſichte." — „Ich weis nicht, „was ſie hübſche Mienen in Wáles nennen, (verſetzte unſer Wirth,) „aber in Yorkſhire „können

„können sie sich schon sehn lassen." Darauf wendete er sich an Lady und fuhr fort: „Was sagen Sie dazu, mein hübsches „Milchundblutgesicht? — Was ist Ihre „Meynung von der Gräfinn?" — „Mich „dünkt, — (sagte sie, und ward bis über die Ohren roth dabey,) „sie ist ein Engel!" Tabby gab ihr einen derben Verweis, daß sie so frey in Gesellschaften spräche, und die Dame vom Hanse sagte mit einem schnippischen Tone, es schiene ihr, als ob Miß irgendwo auf dem Lande in einer Kostschule erzogen wäre.

Unsre Unterredung ward plötzlich durch den jungen 'Squire unterbrochen, welcher bleich wie ein Geist auf den Hof gesprengt kam, und schrie, die Kutsche sey von einer großen Menge Straßenräuber angefallen. Mein Neffe und ich liefen heraus, fanden sein und seines Kerls Pferd im Stalle fertig aufgesattelt, mit geladnen Pistolen in den Holftern, — stiegen augenblicklich auf, und befohlen Klinkern und Dutton eiligst nachzukommen. Aber ungeachtet unsrer Eile, war das Gefecht zu Ende, eh wir ankamen, und der Graf mit seiner Gemahlinn bereits

K 4 in

in Sicherheit in Grieves Hause, welcher sich bey dieser Gelegenheit außerordentlich hervorgethan hatte. Beym Herumfahren um eine Wiese, nach dem Dorfe, wo des Grafen Bediente geblieben waren, erschienen plötzlich ein paar Räuber zu Pferde mit gezognen Pistolen: einer hielt den Kutscher in Respect, und der andre foderte dem Grafen sein Geld ab, unterdessen daß der junge Burdock sporenstreichs davon jagte, ohne sich umzusehn. Der Graf bat den Dieb, nur die Pistole wegzuhalten, welche der Lady zu viel Angst machte, und gab seinen Geldbeutel ohne Widerstand her. Allein, noch nicht zufrieden mit dieser Beute, die ziemlich ansehnlich war, bestund der Schuft auch noch darauf, daß er ihr die demantne Ohrringe und Halsschleife abnehmen wollte, und die Gräfinn fieng aus Angst heftig an zu schreyen. Ihr Gemahl ward über die Gewaltthätigkeit, die man ihr anthun wollte, in Wuth gebracht, und rang dem Kerl die Pistole aus der Hand, hielt sie ihm ins Gesicht und drückte los; allein der Räuber, welcher wußte, daß sie nicht geladen war, zog eine andre aus dem Busen, und würde

ihn

ihn nach aller Wahrscheinlichkeit auf der Stelle erschossen haben, wäre sein Leben nicht durch eine wunderbare Fügung errettet worden. Grieve, der Apotheker, kam gerade in dem Augenblicke zufälliger Weise des Weges, lief auf die Kutsche zu, und mit einem Handstocke, welches alle Waffen waren, die er hatte, legte er den Kerl mit dem ersten Schlage zu Boden; ergriff darauf seine Pistole, und gieng damit auf den Andern los, der die seinige aufs Gerathewohl abschoß, und ohne weitre Gegenwehr davon jagte. Der Andre ward mit Hülfe des Grafen und des Kutschers genommen, ihm die Füße unter dem Bauche seines eignen Pferdes zusammen gebunden, und von Grieve nach dem Dorfe geführt, wohin ihm der Wagen nachfolgte. Es kostete viele Mühe, die Gräfinn außer Ohnmachten zu erhalten; endlich aber brachte man sie doch glücklich nach des Apothekers Hause, der in seine Officin gieng, um einige Tropfen für sie zuzubereiten, indessen daß seine Frau und Tochter ihr in einem andern Zimmer Beystand leisteten.

Ich fand den Grafen in der Küche stehen und mit dem Pfarrer des Dorfs sprechen, dem er ein großes Verlangen bezeigte, seinen Beschützer zu sehen, denn er hatte bis itzt noch kaum Zeit gefunden, ihm für den wichtigen Dienst zu danken, den er ihm und seiner Gemahlinn geleistet. — Als eben die Tochter mit einem Glas Wasser vorüber gieng, konnte sich der Graf nicht enthalten, ihre Gestalt zu bewundern, die wirklich sehr einnehmend war. — „O ja, (sagte der Pfarrer,) „sie ist das schönste, aber auch „das beste Mädchen in meinem ganzen Kirch= „spiele; und könnte ich meinem Sohne ein „jährliches Einkommen von zehn tausend „Pfund mitgeben: so sollte er meine Einwil= „ligung haben, solche zu ihren Füßen zu „legen. Hätte Herr Grieve sich eben so viel „Mühe gegeben, Geld zu erwerben, als alle „Pflichten eines wahren Christen zu erfüllen: „so würde Phinchen längst verheyrathet „seyn." — „Wie heißt sie?" fragte ich. „Vor sechzehn Jahren (versetzte der Pfar= rer,) „habe ich sie Seraphine Melvilia ge= „tauft." — „Ha? was? wie! (schrie der Graf ganz hitzig,) „Seraphine Melvilia „sagen

„sagen Sie, im Ernst?" — „Nicht an„ders; (sagte er,) Herr Grieve sagte mir „damals, er nennte sie so nach zwey Perso„nen, die itzt außer dem Reiche auf Reisen „wären, und denen er noch mehr als sein „Leben zu verdanken hätte."

Der Graf lief, ohne eine Sylbe weiter zu sagen, in das Zimmer und rufte: „Dieß „hier ist Ihre Pathe, meine Liebe!" Frau Grieve faßte darauf die Gräfinn bey der Hand, und sagte mit großer Gemüthsbewegung: „O Madame! — O Sir! — „ich bin — ich bin Ihre arme Elenore. — „Dieß ist meine Seraphine Melvilia. — „O, mein Kind! hier siehst Du den Grafen „und die Gräfinn von Melville, die güti„gen, — die großmüthigen Wohlthäter „Deiner ehedem unglücklichen Aeltern."

Die Gräfinn stund von ihrem Sitze auf, schlug ihre Arme um den Hals der liebenswürdigen Seraphine, und drückte sie mit vieler Zärtlichkeit an ihre Brust, indessen sie sich selbst in den Armen der weinenden Mutter befand. Dieser rührende Auftritt ward durch Grieves Dazukunft vollkommen gemacht, welcher vor dem Grafen auf die

Kniee

Kniee fiel, und sagte: „Sehen Sie hier „einen reuigen Beleidiger, der endlich, ohne „zu schaudern, zu seinem Wohlthäter in die „Höhe sehn darf." — „Ach, Ferdinand! (rufte er, indem er ihn aufhob und in seine Arme drückte,) „Sie sind der Spielgeselle „meiner Kindheit, — der Gefährte meiner „Jünglingsjahre! Ihnen habe ich also „mein Leben zu verdanken?" — „Der „Himmel hat mein Beten erhört, (sagte der Andre,) „und mir eine Gelegenheit gezeigt, „bey der ich mich Ihrer Güte und Ihres „Schutzes nicht ganz unwürdig zeigen konn„te." Er küßte darauf der Gräfinn die Hand, indessen daß Herr von Melville seine Frau und liebenswürdige Tochter auf die Stirne küßte; und wir andern alle waren sehr bewegt von dieser rührenden Wiedererkennung.

Mit einem Worte, Grieve war niemand anders, als der Graf Ferdinand Fathom, dessen Begebenheiten schon vor einigen Jahren gedruckt sind. Er hat sich so aufrichtig zur Tugend bekehrt, daß er deswegen seinen Namen verändert hatte, damit er den Erkundigungen des Grafen ausweichen möchte,

möchte, dessen großmüthige Hülfe er fest beschlossen hatte, nicht ferner anzunehmen, damit er sich auf nichts anders zu stützen hätte, als auf seinen Fleiß und auf seine Mäßigkeit. Dem zufolge hatte er sich in diesem Dorfe niedergelassen, als ein Apotheker und Wundarzt, und mußte einige Jahre mit allem Elende des Mangels kämpfen, welchen gleichwohl er und seine Frau mit exemplarischer Unterwerfung ertrugen. Endlich ist er durch einen unabläßigen Fleiß in den Pflichten seiner Profession, die er mit eben so viel Verstande als Menschlichkeit getrieben, dahin gelangt, daß er eine ziemliche Anzahl Kunden unter den kleinen Pachtern und Bauren gewonnen, wodurch er denn so viel verdient, daß er auf einen anständigen Fuß leben kann. Kaum hat man ihn jemals lachen gesehn; er ist fromm, ohne damit zu pralen, und alle die Zeit, die ihm seine Berufsgeschäffte frey lassen, wendet er an, seiner Tochter Herz und Verstand zu bilden, und in seiner Wissenschaft weiter zu studieren. — Kurz, der Abentheurer Fathom ward unter dem Namen Grieve, bey den Leuten hiesiger Gegend, als ein Wunder

der

der Gelehrsamkeit und Tugend verehrt. Diese Umstände erfuhr ich von dem Pfarrer, als wir das Zimmer verließen, damit sie den Ergießungen ihrer Herzen keinen Zwang anthun dürften. Ich zweifle nicht, man wird sehr in Grieve dringen, daß er seine Lebensart aufgeben, und sich wieder mit des Grafen Familie vereinigen soll; und da die Gräfinn, außerordentlich in die Tochter verliebt zu seyn scheint: so wird sie vermuthlich dringend darauf bestehen, daß Seraphine sie nach Schottland begleiten soll.

Nachdem wir diesen würdigen Personen unsern Glückwunsch abgestattet hatten, kehrten wir wieder zurück nach unserm 'Squire, woselbst wir eine Einladung erwarteten, die Nacht da zu bleiben, weil der Abend naß und stürmisch war. Allein es schien, daß Burdocks Gastfreyheit für die Ehre von Yorkshire sich so weit nicht erstreckte: wir fuhren also noch spät weg, und kehrten in einem Wirthshause ein, wo ich eine Erkältung davon trug.

In Hoffnung, sie wieder aus den Gliedern zu fahren, ehe sie sich irgendwo festsetzen möchte, beschloß ich, einen andern

Anverwandten zu besuchen, einen gewissen Herrn Pimpernell, der ungefähr vier Meilen von dem Orte wohnte, wo wir waren. Pimpernell studierte anfänglich, als der jüngste von vier Söhnen, auf einen Advokaten; da aber seine drey ältern Brüder nach einander starben, erwarb er, zur Ehre seiner Familie, eine Stelle unter den Richtern, und bald nach dieser Erhöhung erbte er die Güter seines Vaters, die sehr ansehnlich waren. Er nahm alle Ränke und Kniffe des elendesten Zungendreschers mit nach Hause, und dazu eine Ehefrau, die er von einem Karrenführer um zwanzig Pfund gekauft hatte; und er fand bald Mittel, sich vom Könige zu einem wirklichen Friedensrichter ernennen zu lassen. Er ist nicht nur recht filzig karg von Natur, sondern sein Geitz ist noch mit einer Herrschsucht vermischt, die ihn völlig satanisch macht. Er ist ein grober Ehmann, ein gleichgültiger Vater, ein harter Hausherr, ein Unterdrücker seiner Pächter, ein proceßsüchtiger Nachbar und ein partheyischer Richter. — Freunde hat er keine; und was Lebensart und Gastfreyheit anbelangt, so ist Vetter

Bur-

Burdock ein Prinz in Vergleichung mit die=
sem hungrigen Bären, dessen Haus einen
lebhaften Begriff von einem Gefängnisse
macht. Unsere Aufnahme war dem Cha=
rakter gemäß, den Sie hier gelesen haben.
Hätte es bey der Frau gestanden: so wür=
de uns freundschaftlich begegnet worden
seyn. — Sie ist wirklich eine gute Art
von Frau, Trotz ihrer geringen Abkunft,
und wird von der Nachbarschaft geliebt und
geehrt; allein sie hat in ihrem eignen Hause
nicht die Macht, einen Trunk Tafelbier zu
fodern, geschweige denn ihren Kindern die
geringste Erziehung angedeihen zu lassen,
welche herumlaufen als ungestriegelte Fül=
len in einem Walde. — Weg mit ihm!
Er ist ein so nichtsnütziger Kerl, daß ich
nicht die Gebuld habe, mehr von ihm zu
sagen.

Um die Zeit, daß wir Harrigate wie=
der erreichten, meldeten sich rheumatische
Schmerzen bey mir an. Der schottländi=
sche Jurist, Herr Micklewhimmen, rieth
mir so ernsthaft zu einem heißen Bade von
diesem Wasser, daß ich mich dazu bereden
ließ. — Er hatte es oft mit Glück ge=
braucht,

braucht, und blieb allemal eine Stunde im Bade, das heißt, in einem mit heiß gemachten Harrigatewasser angefüllten Kübel. Da ich nicht einmal den Geruch von einem Glase voll ausstehen konnte, wenn es kalt war: so mögen Sie sich einbilden, was meine Nase von dem Qualme eines heißen Bades von eben dem Wasser ausstehn mußte. Des Abends ward ich in ein finstres Loch unten im Hause gebracht; hier stund der Kübel in einer Ecke, und dampfte und stunk, als ob er aus dem Acheron gefüllt wäre; dort in der andern ein schmutziges Bette, mit dicken wollenen Decken, worinn ich schwitzen sollte, wenn ich aus dem Bade käme. Das Herz im Leibe ward mir ohnmächtig, als ich in diese fürchterliche Badstube trat, und ich fühlte mein Gehirn von diesen unerträglichen Ausdünstungen heftig angegriffen. — Ich fluchte auf Micklewhimmen, daß er nicht bedacht, wie meine Organen disseits der Tweed gebildet wären; allein ich schämte mich, auf der Schwelle wieder umzukehren, und unterwarf mich dem Processe.

Nachdem ich über eine viertel Stunde in dem Kübel alles, die wirkliche Erdrosselung ausgenommen, ausgestanden hatte, ward ich ins Bette gebracht, und in die Decken gehüllt. Hier lag ich eine ganze Stunde, und schmachtete vor unerträglicher Hitze; als aber auf meiner Haut nicht die geringste Feuchtigkeit hervorkommen wollte, brachte man mich nach meiner eignen Kammer, und ohne ein Auge zu schließen, brachte ich die Nacht mit solcher Herzensangst zu, die mich zum elenbesten Menschen auf der Welt machte. Ich wäre gewiß verrückt im Kopfe geworden, hätte mein durch dieß stygische Bad verdünntes Blut nicht etliche Gefäße gesprengt, und einen heftigen Blutfluß hervorgebracht, welcher, so fürchterlich und drohend er auch war, dennoch die entsetzlichen Wallungen dämpfte. — Ich verlor über zwey Pfund Blut bey dieser Gelegenheit, und befinde mich noch schwach und matt; allein ich glaube, eine mäßige Bewegung wird mir wieder auf die Beine helfen, und deßhalb bin ich entschlossen, mich morgen über York nach Scarborough auf die Reise zu machen, woselbst ich durchs Baden in der See meine Fibern wieder zu stählen gedenke, denn das ist doch, wie ich weis,

weis, eine Cur, von der Sie sehr viel halten. Es giebt indessen eine Krankheit, gegen welche Sie noch keine ausfindig gemacht haben, und die ist das Alter, wovon diese langweilige, unzusammenhängende Epistel ein untrügliches Anzeichen ist: — Unheilbare Schäden müssen wir also mit Geduld salben, sowohl Sie, als

Ihr

Harrigate,
den 26sten Junii.

beständiger Freund
M. Bramble.

An Sir Watkin Philipps, Baronet, im alten Jesuitercollegio zu Oxford.

Mein liebster Freund,

Die Art, wie man hier zu Harrigate lebet, war meiner Neigung so angemessen, daß ich den Ort ungerne verlassen habe — Wahrscheinlicher Weise würde auch unsre Tante wider unsre so baldige Abreise Einwendungen gemacht haben; hätte sie nicht ein Zufall mit Herrn Micklewhimmen, dem schottländischen Advocaten, über den Fuß gespannt, an dessen Herzen sie sonst gleich, vom zweyten Tage nach unsrer Ankunft an, herum geklimpert hatte. — Dieses Original, ob er gleich nach allem Anscheine weder Fuß noch Hand brauchen könnte, hatte seinen Kopf voller Anschläge, nicht umsonst mitgebracht. — Kurz zu sagen, er ächzte und stöhnte so herzlich, und erregte dadurch das Mitleiden der Hausgesellschaft so nachdrücklich, daß eine alte Dame, welche das beste Zimmer im Hause inne hatte, ihm solches zu seiner desto bessern Bequemlichkeit und Erleichterung abtrat. Wenn sein Kerl ihn in den langen Saal führte, kamen gleich alle Weiblein in Bewegung. — Die eine setzte ihm einen Lehnstuhl zurechte; eine Andre klopfte ihm das Stuhlkissen auf; eine Dritte brachte einen Fußschämmel; eine Vierte ein Kissen, worauf er die Füße legen könnte. — Zwo Damen, (wovon Tabby die eine war;) führten ihn nach dem Eßsaale, und setzten ihn sanft an den Tisch; und zu was für Leckerbissen er nur Lust blicken ließ, die wurden ihm

ihm mit ihren schönen Händen vorgelegt. Alle diese Dienstfertigkeit bezahlte er mit reichlichen Complimenten und Segenswünschen, welche deswegen nicht weniger angenehm waren, daß sie in einer schottischen Mundart hervorgebracht wurden. Besonders war er sehr ehrerbietig gegen Tabby, und wußte in sein Gespräch immer etwas über die Religion, über die unbedingte Gnade u. s. w. einzumischen, indem er ihren Hang zur Pietisterey ausgefunden hatte, zu der er sich gleichfalls auf eine calvinistische Weise bekannte.

Ich meines Theils konnte mich nicht überreden, daß dieser Zungendrescher wirklich so lahm seyn sollte, als er vorgab. Ich bemerkte, daß er des Tages dreymal sichs herzlich wohl schmecken ließ; und obgleich an seiner Bouteille ein Schild mit „Magentinctur" hieng, so sprach er ihr doch so oft zu, und schien davon mit so besonderm Wohlgefallen zu genießen, daß ich auf den Argwohn kam, dieser Trank möchte wohl in keiner Apotheke oder keines Chemisten Laboratorio zubereitet seyn. Eines Tages, als er sehr tief in einem Gespräche mit

L 3 Tab-

Tabby verwickelt, und sein Bedienter aus dem Zimmer gegangen war, verwechselte ich ganz behende die Schilder und Plätze unsrer beyden Bouteillen, und als ich seine Tinctur kostete, fand ich, daß es ein sehr guter Bordeauxwein wäre. Ich reichte die Bouteille alsobald meinem Nachbar, der sie rund gehn ließ, und sie war fast ausgeleeret, ehe Herr Micklewhimmen wieder an das Trinken dachte. Endlich kehrte er sich herum, faßte meine Bouteille, schenkte sich ein volles Glas ein, und trank auf Fräulein Tabithas Gesundheit. — Er hatte es kaum an den Mund gebracht, als er den Streich merkte, der ihm gespielt worden, und darüber anfänglich in einige Verwirrung gerieth. — Er schien in der Stille mit sich selbst zu Rathe zu gehn, und in einer halben Minute war sein Entschluß gefaßt: er wandte sich nach unsrer Seite her, und sagte: „Die Erfindung des Herrn ist „witzig genug, das muß ich gestehn; es ist „ein hübscher drolliger Spaaß; aber zuweilen heißts: hi joci in feria ducunt mala — „Ich will seinetwegen nicht hoffen, daß er „den ganzen Trank zu sich genommen hat,
„denn

„denn der Bordeauxwein ist sehr stark mit
„Jallap abgezogen; er kann wohl sonst eine
„so große Portion zu sich genommen haben,
„die ein schreckliches Unheil in seinem Einge-
„weide anrichten möchte" —

Den größesten Theil des Restes hatte sich
ein junger Tuchfabricant von Leeds zu Gemüthe geführt, der nach Harrigate gekommen, um sich sehn zu lassen, und in der
That ein großer Haasenfuß war. Er hatte,
sowohl um seine Mitgäste auszulachen, als
dem Juristen Eins anzuhängen, alles aus-
getrunken, als die Reihe an ihn kam: und
hatte herzinniglich gelacht; allein nunmehr
verwandelte sich seine Lustigkeit in Furcht —
Ihm begann übel zu werden, und er machte allerley Verdrehungen und Verzerrungen
mit Gesicht und Augen. — „Das ver-
„dammte Zeug, (schrie er,) ich dachte gleich,
„daß es einen häßlichen Beyschmack hätte. —
„Poh! das heißt wohl recht, wer einem
„Schottländer Eins anhängen will, muß
„früh aufstehn, und des Teufels Großmut-
„ter mitnehmen." — „Im Ernst, mein
„Herr, wie Sie heißen, (erwiederte der
Jurist,) „Ihr Witz hat Ihnen einen häß-

L 4 „lichen

„lichen Streich gespielt — es thut mir
„wirklich leid um Sie, denn es kann Ihnen
„übel bekommen. — Ich kann Ihnen in
„dieser Gefahr keinen bessern Rath geben,
„als daß Sie gleich einen Expressen nach
„Rippon, zum Doctor Waughn, schicken,
„und unterdessen alles Oel trinken und alle
„Butter essen, die Sie im Hause finden
„können, damit Sie ihren Magen und Ge-
„därme vor dem Reize der Jallape verwah-
„ren, der sehr heftig ist, wenn man auch nur
„ein klein wenig davon nimmt."

Die Quaalen des armen Tuchfabrican-
ten waren schon eingetreten; er gieng mit
Aechzen über Bauchgrimmen nach seinem
Zimmer hinauf. Das Oel ward verschlun-
gen, und der Doctor geholt; allein ehe der
anlangte, hatte der arme Patient über und
unter so ausgeleeret, daß nichts zurückge-
blieben war, das ihm weiter schaden könnte; und diese doppelte Ausleerung war bloß
die Wirkung der Einbildungskraft; denn
was er getrunken hatte, war reiner rother
Franzwein, den der Jurist für seinen eignen
Mund aus Schottland gebracht hatte. Als
der Tuchfabricant fand, daß die Kurzweile

so

so theuer und unangenehm für ihn ausgefallen war, verließ er den andern Morgen das Haus, und ließ Herrn Micklewhimmen den Sieg, welcher sich desselben innerlich erfreute, ohne sich äußerlich im geringsten damit zu blähen. — Er stellte sich vielmehr, als obs ihm nahe gienge, daß der junge Mensch so viel aushalten müssen, und erwarb sich neues Lob mit dieser Prunkmäßigung.

Es war ungefähr mitten in der Nacht, welche auf diese Begebenheit folgte, daß der Ruß in einer Feueresse, die zu lange nicht gekehrt seyn mochte, Feuer fieng, und auf eine fürchterliche Art Lärm gemacht wurde — Jedermann sprang nackt aus dem Bette, und in einer Minute war das Haus mit Geschrey und Tumult erfüllt. — Das Haus hatte zwo Treppen, und auf diese liefen wir natürlicher Weise zu; beyde aber waren so verrammt von Menschen, die auf einander drängten, daß es unmöglich war, durchzukommen, ohne das Frauenzimmer niederzuwerfen und darüber wegzugehn. Mitten in dieser Anarchie kam Herr Micklewhimmen, mit einem ledernen Mantelsacke

Sacke auf dem Rücken, so flink als ein Ziegenbock über den Gang gerannt; und Tabby im bloßen Unterrocke that, was sie konnte, ihm unter den Arm zu fassen, damit sie unter seinem Schutze entrinnen möchte; allein er warf sie glücklich zur Erde und schrie: „Näh, näh, wahrhaftig! jeder ist sich selbst „der Nächste." Ohne sich im geringsten an das Schreyen und Flehn seiner Freundinnen zu kehren, drängte er sich mitten durch das Getümmel und warf alles übern Haufen, was ihm im Wege stund, und fochte sich glücklich die Treppe hinunter. — Während dieser Zeit hatte Klinker eine Leiter gefunden, auf welcher er in das Fenster zu meines Onkels Kammer stieg, worinn wir uns alle versammlet hatten, und that den Vorschlag, daß wir auf derselben nach einander darauf heraus steigen möchten. Onkel vermahnte seine Schwester, sie sollte den Anfang machen, ehe sie aber noch schlüssig ward, warf sich ihr Putzmädchen, Winifred, in einem Anfalle von Furcht und Schrecken aus dem Fenster auf die Leiter, und Klinker sprung herunter, um sie aufzufangen. — Diese Nymphe war so unangekleidet,

gekleidet, als sie aus dem Bette gesprungen
war; der Mond schien sehr helle, und weil
eben ein frisches Lüftlein wehte; so konnte
den Augen des glücklichen Klinkers unmöglich irgend eine Schönheit der Jungfer Jenkins entgehn, und sein Herz war nicht fähig, den vereinigten Kräften so vieler Reize
zu widerstehen, wenigstens müßte ich mich
sehr irren, wenn er nicht von diesem Augenblicke an ihr demüthiger Diener geworden ist. — Er empfieng sie in seine Arme,
gab ihr seinen Ueberrock, um sie vor der
Kälte zu schützen, und stieg mit verwundernswürdiger Hurtigkeit wieder die Leiter
herauf.

Um diese Zeit rufte der Wirth mit vernehmlicher Stimme aus, das Feuer wäre
gelöscht, und die Damen hätten nichts mehr
zu fürchten. Dieses war den Hörern eine
willkommne Nachricht, und that eine unmittelbare gute Wirkung. Das Geschrey
hörte auf, und es erfolgte ein dumpfes Gesäusele von Gezänke. Ich führte meine
Tante und Schwester nach ihrer eignen
Kammer, woselbst Libby in Ohnmacht fiel,
aber bald wieder zu sich selbst gebracht
ward.

ward. Darauf gieng ich hin, auch den übrigen Damen meine Dienste anzubieten, welche meines Beystandes benöthigt seyn möchten. Sie huschten alle über den Gang nach ihren verschiedenen Zimmern, und da derselbe allemal mit zwey Lampen erleuchtet ist: so hatten meine Augen eine ziemliche Weide, so wie sie vorüber giengen; allein da die meisten bis aufs Hemde nackt waren, und große Nachthauben auf den Köpfen hatten: so konnte ich kein Gesicht von dem andern unterscheiden, ob ich gleich ein Paar an den Stimmen erkannte — Diese waren überhaupt im klagenden Tone; einige weinten, einige schalten und einige beteten. — Ich hob eine alte arme Dame von der Erde auf, die unter die Füße gerathen, und jämmerlich zertreten war; dem lahmen Pastor von Northumberland wars nicht besser ergangen; ihn hatte Micklewhimmen zu Boden geworfen, ob gleich nicht ungestraft, denn der Krüppel hatte ihm im Fallen einen so guten Snuck mit seiner Krücke auf den Kopf versetzt, daß das Blut darnach rann.

Was

Was diesen Juristen anbelangt, so wartete er so lange unten, bis das Getümmel vorüber, und dann schlich er sich ganz leise wieder nach seinem Zimmer, aus welchem er sich nicht getraute einen zweyten Ausfall zu thun, bis des Vormittags um eilf Uhr, da er sich von seinem Bedienten und noch einem Gehülfen ins gemeinschaftliche Zimmer führen ließ, wobey er ein blutiges Tellertuch um den Kopf gebunden hatte, und jämmerlich stöhnte. Allein die Sachen hatten ein ganz anders Ansehn bekommen. — Die eigenliebige, viehische Grobheit seines Betragens auf der Treppe hatte aller Herzen gegen seine List und Künste zu Stahl und Eisen gehärtet. — Da war keine Seele, die ihm einen Stuhl, Fußschämmel oder Kissen angeboten hätte; dergestalt daß er genöthigt war, sich auf eine harte hölzerne Bank niederzusetzen. — In dieser Stellung sah er mit einem kläglichen Gesichte umher, bückte sich sehr tief, und sagte mit einem winselnden Tone: „Ihr unter„thänigster Diener, meine Damen —
„Feuer ist ein entsetzliches Unglück" —
„Feuer reiniget das Gold, und prüft die
„Freund-

„Freundschaft," (sagte Tante Tabby, und
warf die Nase in die Höhe.) „Ja, wohl!
„Fräulein, (erwiederte Micklewhimmen,)
„und die Bedachtsamkeit prüfet es auch" —
„Wenn die Bedachtsamkeit darinn besteht,
„einen Freund im Unglücke stecken zu lassen,
„so besitzen Sie diese Tugend in einem ho-
„hen Grade," (versetzte Tante.) „Nein,
„gnädiges Fräulein, (war die Antwort des
Advocaten,) „ich weis wohl, daß ich mir
„über die Art und Weise meiner Flucht kein
„Verdienst anmaßen kann. — Sie wer-
„den die Güte haben, zu bemerken, meine
„Damen, daß es zweyen verschiedene Grund-
„sätze giebt, nach welchen unsre Natur han-
„delt — Instinkt ist der Eine, welchen wir
„mit den unvernünftigen Thieren gemein
„haben; und der andre ist die Vernunft. —
„Nun, sehn Sie, in gewissen großen Noth-
„fällen, wenn die Vernunft betäubt ist,
„faßt der Instinkt das Ruder, und wenn er
„es in der Hand hat, so bekümmert er sich
„nichts um die Verbindungen der Vernunft,
„weil er mit ihr gar nicht verwandt ist; er
„arbeitet für nichts, als für die Erhaltung
„seiner eignen Person; derohalben, meine
„Da-

„Damen, bin ich, mit Ihrer gütigen Er-
„laubniß, über das, was ich unter der
„Herrschaft dieser unwiderstehlichen Gewalt
„gethan habe, in foro Conscientia nicht zu
„belangen."

Hier fiel ihm mein Onkel in die Rede und
sagte: „Ich möchte wohl wissen, ob es
„der Instinkt war, der Sie antrieb, mit
„Sack und Pack zu fliehen; denn mich
„däucht, Sie hatten ein Felleisen auf der
„Schulter." — Der Jurist antwortete,
ohne sich lange zu bedenken: „Sollte ich
„frey meine Meynung sagen, ohne zu be-
„fürchten, daß man mich für eingebildet
„hielte? so dächte ich, es war etwas mehr
„als Vernunft oder Instinkt, das mich an-
„trieb, diese Vorsicht zu gebrauchen, und
„zwar aus doppelten Ursachen: Erstlich wa-
„ren in dem Mantelsacke die Papiere über
„die Güter eines würdigen Edelmannes;
„und wenn sie verbrannt wären, so hätte
„das einen unersetzlichen Verlust verur-
„sachet; Zweytens, so scheint mir mein
„Schutzengel diesen Mantelsack als einen
„Panzer selbst auf die Schultern gelegt zu
„haben, um mich gegen einen fast unmensch-
„lichen

„lichen Schlag zu decken, den ich von der
„Krücke eines Wohlehrwürdigen Geistlichen
„bekam; und der mir, Trotz dieser Schutz-
„wehr, ein Loch bis auf den Knochen in den
„Kopf geschlagen hat." — „Nach Ihren
„eignen Lehrsätzen, (fiel der Priester ein, der
eben gegenwärtig war,) „bin ich an diesem
„Schlage unschuldig, denn er war die Wir-
„kung des Instinkts." — „Ich bitte um
„Vergebung, wohlehrwürdiger Herr, (sagte
der andre,) „der Instinkt ist bloß für die
„Erhaltung der Person beschäfftiget; und
„von Ihrer Erhaltung war gar nicht die
„Rede. — Sie hatten bereits den Scha-
„den weg, und deswegen muß der Schlag
„auf Rechnung der Rachgier geschrieben
„werden, welches eine sündliche Leidenschaft
„ist, die keinem Christen, geschweige denn
„einem protestantischen Geistlichen, wohl-
„ansteht; und ich muß Ihnen sagen, wohl-
„ehrwürdiger Herr, wenn ich Lust zum Pro-
„cesse hätte, so sollte mein Liebel nicht von
„der Hand gewiesen werden." — „Ey nun,
(rufte der Pfarrer,) „der Schaden an bey-
„den Seiten geht so ziemlich gegen einander
„auf; Sie haben ein Loch in den Kopf be-
„kommen,

„kommen, und meine Krücke ist mitten ent-
„zwey gespalten. — Sehn Sie, wenn
„Sie den einen wieder gut machen, so will
„ich die Cur des andern gleichfalls be-
„zahlen."

Dieser witzige Einfall erregte ein Gelächter über Micklewhimmen, welcher anfieng,
finster auszusehn, als mein Onkel, um das
Gespräch auf etwas anders zu lenken, die
Anmerkung machte, der Instinkt sey in einem noch andern Betracht sehr gütig gegen
ihn gewesen, denn er habe ihm zum Gebrauche seiner Gliedmaßen verholfen, die
er bey seinem Ausziehen mit so erstaunlicher
Behendigkeit bewegt hätte. — Er erwiederte, es brächte die Natur der Angst so
mit sich, daß sie die Nerven zu stärken pflegte, und führte einige bewundernswürdige
Beyspiele an, wo Personen in großer Angst
und Schrecken außerordentliche Stärke und
Behendigkeit bewiesen hätten; er klagte aber,
daß in seinem eignen Falle die Wirkung verschwunden, nachdem die Ursache weggenom-
men worden. — Onkel sagte, er wolle
wohl eine Theecollation auf seine Hand ver-
wetten, daß er einen schottischen Rill tan-

zen könnte, ohne einen falschen Tritt zu thun; und der Advocat sagte mit lachendem Munde: „wo ist der Spielmann?" — Es war eben ein Mensch mit einer Geige bey der Hand, und dieses Original sprang mit seiner blutigen Serviette über seiner schwarzen Knotenperucke von der Bank auf in den Saal, und tanzte dergestalt herum, daß die ganze Gesellschaft herzlich darüber lachte. Aber Tabbys Gewogenheit hatte er ein für allemal verloren, die von keinem Instinkte was wissen wollte, und der Jurist hielt es nicht der Mühe werth, sich bey weitläuftigern Erklärungen aufzuhalten.

Von Harrigate sind wir über York hier angelangt, und hier werden wir uns einige Tage aufhalten, weil beyde, mein Onkel und meine Tante, gesonnen sind, das Wasser zu brauchen. Scarborough ist zwar nur eine unbedeutende Stadt, liegt aber sehr romantisch längs auf einem Felsen, der über der See hängt. Der Hafen liegt zwischen einer schmalen Erdzunge, die in gerader Richtung gegen der Stadt über als ein natürlicher Damm fortläuft; und an der Seite liegt das Kasteel, welches sehr hoch

und

und von großem Umfange ist, und vor der Erfindung des Schießpulvers für unüberwindlich gehalten wurde. An der andern Seite von Scarborough findet man zween öffentliche Säle zum Gebrauch der Gäste, welche im Sommer hierher kommen, den Brunnen zu trinken und in der See zu baden; und die Lustbarkeiten sind hier ungefähr eben dieselben, wie die zu Bath. Der Gesundbrunnen, oder sogenannte Spaa, liegt ein wenig diesseits von der Stadt unter einem Felsen, wenige Schritte weit von der See, und die Trinker gehn alle Morgen unangekleidet dahin; man muß aber viele Stufen hinabsteigen, welches die Siechlinge sehr unbequem finden. Zwischen der Quelle und dem Hafen stehn, längs dem Strande in einer Reihe, die Bademaschienen nebst Zubehör und Aufwärtern in Ordnung.— Sie haben niemals eine dergleichen Maschiene gesehn. — Stellen Sie sich also eine kleine dichte hölzerne Kammer vor, die auf Rädern steht, an jedem Ende eine Thüre hat, an jeder Seite oben ein kleines Fenster, und unten eine Bank. — Der Badegast steigt auf einigen hölzernen Tritten in

die-

dieſes Zimmerchen hinauf, verſchließt ſich, und beginnt ſich auszukleiden, unterdeſſen daß der Aufwärter nach der Seeſeite zu ein Pferd vorſpannt, und das Fuhrwerk ſo lange fortziehn läßt, bis das Waſſer mit dem Boden der Kammer gleiche Höhe hat; alsdann nimmt er das Pferd, und ſpannt es am andern Ende vor. — Die Perſon, welche darinn iſt, öffnet, wenn ſie ſich ausgekleidet hat, die Thüre nach dem Waſſer hin, woſelbſt ſie den Führer bereit findet, und ſich über Kopf ins Waſſer ſtürzet. — Nachdem ſie ſich genug gebadet, ſteigt ſie wieder in die Kammer auf den Tritten, die man zu dem Ende dahin feſt gemacht hat, und kleidet ſich gemächlich wieder an, derweile das Fuhrwerk wieder auf den trocknen Strand gezogen wird. — Man hat alſo nichts weiter zu thun, als die Thüre zu öffnen und heraus zu kommen, wie man hinein gegangen iſt. Sollte jemand ſo kränklich ſeyn, daß er einen Bedienten zum Aus- und Ankleiden nöthig hätte: ſo iſt allenfalls die Kammer groß genug für ſechs Menſchen. Die Damen werden von Perſonen ihres eignen Geſchlechts ins Waſſer geführt

führt und darinn bedient, und sowohl diese als die weiblichen Badegäste haben ein
Seekleid von Flanell; sind auch sonst noch
mit andern Bedürfnissen, der Wohlanständigkeit wegen, versehen. Eine gewisse Anzahl dieser Maschienen hat Wände von Se-
geltuch, die in die See hinein gehn, dergestalt, daß die badende Person von niemand
gesehn werden kann — Der Strand ist
ungemein schicklich zu diesem Gebrauche,
weil er sehr sanft abschüssig, und der Sand
so egal ist, als ein Sammt. Allein, wegen Ebbe und Fluth kann man sich dieser
Maschienen nur zu gewissen Zeiten des Tages bedienen, und muß sich nach der Fluth
richten. Also sind die Badegäste zuweilen
genöthigt, des Morgens sehr früh aufzuste-
hen. — Ich meines Theils mag gerne
schwimmen zur Leibesübung, und kann bey
Ebbe und Fluth dazu gelangen, ohne aller
dieser Weitläuftigkeiten zu bedürfen. Sie
und ich haben uns manches Mal in der
Isis gebadet. Die See aber ist, sowohl
zur Gesundheit als zum Vergnügen, ein
viel bessers Wasser zum Baden. Sie können nicht glauben, wie munter und frisch

man

man wieder heraus kommt, und wie sehr
es jede Nerve am menschlichen Körper stärkt.
Wollte ich Ihnen nur die Hälfte der Ge-
brechen herzählen, die täglich durch das
Seebad geheilet werden, so würden Sie
Recht haben zu sagen, Sie hätten eine Ab-
handlung statt eines Briefes empfangen von
Ihrem

Scarborough,
den 2ten Junii.

ergebensten Freunde und Diener
J. Melford.

An den Doctor Lukas.

Ich habe nicht alle den Nutzen gefunden,
den ich von Scarborough erwartete,
woselbst ich die letzten Tage gewesen bin —
Von Harrigate kamen wir dahin über York,
an welchem letztern Orte wir nur einen Tag
blieben, um das Kasteel, den Münster und
den Assembleesaal zu besehn. Das Erste
war ehedem eine Festung, itzt aber ist ein
Gefängniß daraus gemacht, und in allem
Betracht

Betracht das Beste, was ich daheim oder in der Fremde gesehen habe — Es liegt auf einer ziemlichen Anhöhe, hat gute frische Luft, und innerhalb der Mauren einen geräumigen freyen Platz, worauf die Gefangenen für ihre Gesundheit umher gehn können; diejenigen ausgenommen, deren enge Bewahrung nöthig ist. — Und auch selbst für diese letzten ist so gut gesorgt, als es die Natur ihrer Umstände erlaubt. Hier werden in einer des Endes erbauten Reihe Gebäuden die Landgerichte gehalten.

Den Münster weis ich von den andern alten Kirchen in verschiedenen Gegenden des Königreichs, welche man Ueberbleibsel der gothischen Bauart zu nennen pflegt, durch nichts zu unterscheiden, als durch seine ausnehmende Größe, und die Höhe seiner Thurmspitze. Die Bauart aller dieser Kirchen ist aber vielmehr saracenisch als gothisch, und ich nehme an, daß solche nach England aus Spanien überbracht ist, welches größtentheils unter maurischer Herrschaft stund. Diejenigen brittischen Baumeister, welche solche annahmen, scheinen nicht alles gehörig überlegt zu haben. Das

Clima der Länder, welche die Mauren oder Saracenen, sowohl in Spanien als Africa, besaßen, war so außerordentlich heiß und trocken, daß diejenigen, welche Andachts-örter für den großen Haufen baueten, ihre Künste anwendeten, solche Gebäude aufzuführen, die kühle wären; und zu diesem Zwecke schien sich nichts besser, als lange, schmale, hohe und finstre Tempel zu schicken, in welche keine Sonnenstralen bringen können, und die mit der sengenden äußern Luft wenig Communication haben; in welchen man immer frisch und kühle ist, wie in einem tiefen Keller, während der Sonnenhitze, oder in den natürlichen Höhlen in hohen Bergen. Nichts aber konnte wohl verkehrter seyn, als diese Art zu bauen, in einem Lande wie England, nachzuahmen, woselbst das Clima kalt, und die Luft unaufhörlich voller Feuchtigkeit ist, und wo folglich die Absicht des Baumeisters seyn sollte, die Leute trocken und warm zu halten. Ich für mein Theil bin nur einmal in der Abteykirche zu Bath gewesen, und den Augenblick, so wie ich hineintrat, fühlte ich mich bis auf das Mark in den Knochen von

Frost

Frost durchbrungen. — Wenn man bedenkt, daß wir in unsern Kirchen eine dicke, faule Luft athmen, welche mit den Ausdünstungen von Gewölbern, Gräbern und Beinhäusern angefüllt ist, kann man sie alsdann nicht mit recht Magazine von Flußkrankheiten nennen, die zum Besten der medicinischen Facultät errichtet sind? und kann man nicht mit Sicherheit behaupten, daß durch das Kirchengehen, im Winter besonders, auf welchen man acht Monate im Jahre rechnen kann, mehr Körper verloren gehn, als Seelen errettet werden? Ich möchte doch wohl einmal hören, was zarte Gewissen dabey leiden könnten, wenn die Gotteshäuser bequemlicher, oder der Gesundheit schwächlicher Körper weniger gefährlich eingerichtet wären; und ob es nicht eben so gut zur Beförderung der Andacht, als zur Erhaltung des Lebens mancher Menschen gereichen möchte, wenn die Oerter der öffentlichen Anbetung mit guten Fußböden ausgelegt, die Wände getäfelt, geheizt, durch Ventilators gelüftet, und ihre Gewölber vor der Verunreinigung mit todten Leichnamen heilig gehalten würden? Der Gebrauch,

brauch, sich in den Kirchen begraben zu lassen, schreibt sich aus den Zeiten des dummen Aberglaubens her, da ihn gewinnsüchtige Priester einführten, indem sie vorgaben, der Teufel könne dem Verstorbnen nichts anhaben, wenn er in heiliges Erdreich begraben würde; und dieses ist in der That die einzige Ursache, die man angeben kann, warum bis auf den heutigen Tag die sogenannten Kirchhöfe oder Begräbnißplätze eingeweiht werden.

Das Aeußerliche an einer alten Domkirche muß dem Auge eines jeden Mannes mißfällig seyn, der nur die geringste Idee von Schönheit und Verhältniß hat, wenn er auch von den Regeln der Baukunst gar nichts weis; und der lange schlanke Thurm bringt einem einen gespießten Missethäter in die Gedanken, mit einer scharfen Spitze, die ihm durch die Schultern heraussteckt. Diese Glocken- oder Kirchthürme sind gleichfalls von den Mahometanern entlehnt, welche keine Glocken hatten, und solche Riesenschlösser brauchten, um das Volk zum Gebete zu rufen. Sie können indessen auch sonst noch nützlich seyn, zum Signal-

geben

geben und Observatoriums darauf anzulegen; allein ich würde dahin stimmen, daß sie nicht mit der Kirche ein Ganzes ausmachen müßten, weil sie sonst bloß dienen, das Gebäu desto barbarischer oder saracenischer zu machen.

An dem Assembleesaale ist nichts von dieser arabischen Architectur zu sehn; der scheint mir nach einer Zeichnung von Palladio gebauet zu seyn, und könnte in einen zierlichen Kirchensaal verwandelt werden; für die Art von Abgötterey, welche gegenwärtig darinn getrieben wird, ist er eben nicht gar zu schicklich: die Größe der Dachfahne verkleinert nur noch mehr die kleinen gemalten Gottheiten, welche darinn verehrt werden, und an einem Ballabende muß die Gesellschaft aussehn, wie eine Versammlung phantastischer Feyenköniginnen, welche bey Mondenscheine zwischen den Colonaden eines griechischen Tempels herumschwärmen.

Scarborough scheint mit seinem großen Rufe auf der Neige zu seyn. — Alle dergleichen Oerter, (Bath ausgenommen,) haben ihre Zeit, wo sie häufig besucht werden, und dann aufhören, Mode zu seyn — Ich bin

bin gewiß, daß es in England funfzig noch eben so heil- und wirksame Gesundbrunnen giebt, als der zu Scarborough, ob sie gleich noch nicht in Ruf gekommen sind, und vielleicht niemals darein kommen werden, wenn nicht ein medicinischer Lobredner einmal seinen Vortheil dabey sucht, ihre Tugenden öffentlich zu verkündigen. — Das geschehe nun oder nicht, so werden doch immer noch Leute hierher reisen, der Bequemlichkeit wegen, in der See zu baden, so lange dieser Gebrauch in Uebung bleibt; allein es wäre auch zu wünschen, daß man, den Siechlingen zu gefallen, auf einen bequemern Weg nach dem Strande dächte.

Ich habe hier einen alten Bekannten, Herrn H—t, wieder angetroffen, dessen Sie mich oft, als eines der sonderbarsten Originalcharakter auf dieser Erden haben erwähnen gehört. — Ich ward zuerst in Venedig mit ihm bekannt, und hernach begegneten wir uns in verschiednen Theilen von Italien, woselbst er unter dem Beynamen: il cavallo bianco sehr bekannt war, weil er immer auf einem Falbenpferde ritt, wie der Tod in der Offenbarung. Sie müssen

sen sichs noch erinnern, daß ich Ihnen erzählt habe, wie er einst in Constantinopel den sonderbaren Einfall hatte, gegen ein paar Türken die christliche Religion zu vertheidigen, welches ihm den Zunamen, der Demonstrator, erwarb. — Es ist ausgemacht, daß H** keine andre Religion für wahr hält, als die Natürliche; allein bey dieser Gelegenheit, meynte er, sey er für die Ehre seines Vaterlandes verbunden, zu zeigen, daß er Etwas wisse. Vor einigen Jahren, als er zu Rom im Campidoglio war, gieng er auf die Büste des Jupiters zu, bückte sich sehr tief, und sagte auf Italiänisch: „Ich hoffe, Signore, wenn Sie
„einmal das Haupt wieder über das Wasser
„bekommen, werden Sie mirs eingedenk
„seyn, daß ich Ihnen in Ihrer Erniedri-
„gung meine Verehrung erwiesen habe."
Dieser drollige Einfall ward dem Cardinal Camerlengo wieder erzählt, und der brachte solchen vor den Pabst Benedictus den Vierzehnten, welcher sich über die närrische Anrede nicht des Lachens enthalten konnte, und zum Cardinal sagte: „Diese englän-
„dischen Ketzer denken, sie haben das Recht,
„auf

„auf ihrem eignen Wege zum Teufel zu „fahren."

In der That war H** der einzige Engländer unter allen, die ich gekannt habe, der Entschlossenheit genug besaß, mitten unter Fremden auf seine eigne Weise zu leben; denn in keinem Stücke, weder Kleidung, Diät, Sitten oder Umgang, wich er von der Art ab, wie ers von Jugend auf war gewöhnt worden. Vor ungefähr zwölf Jahren fieng er einen Giro oder Herumreise an, welche er folgendergestalt ausführte: — Zu Neapel, wo er sein Hauptquartier errichtet, schiffte er sich ein nach Marseille, von da gieng er mit einem Vetturino nach Antibes, hier setzte er über nach Genoa und Lerici; von welchem letzten Orte er über Cambratina weiter nach Pisa und Florenz gieng — Nachdem er sich einige Zeit in dieser Hauptstadt aufgehalten hatte, reisete er mit einem Vetturino nach Rom, woselbst er einige Wochen ausruhete, und alsdann seinen Weg nach Neapel fortsetzte, um auf die erste Schiffsgelegenheit zu warten. Nachdem er diesen Zirkel zwölfmal beschrieben, flog er ab, wie ein Pfeil, um in England

land einige Bäume zu besuchen, die er vor länger als zwanzig Jahren, nach dem Plane der doppelten Colonade auf dem St. Petersplatze zu Rom, gepflanzt hatte. — Er kam hier nach Scarborough, um seinem edlen Freunde und ehmaligen Mündel, dem Herrn M** von G** seinen Besuch abzustatten, und ohne daran zu gedenken, daß er schon über die Siebenzig hinaus wäre, brachte er dem Bachus ein so starkes Opfer, daß er den folgenden Tag einen Anfall vom Schlage bekam, welcher sein Gedächtniß ein wenig verletzt hat; er hat aber noch alle die übrigen Besonderheiten im Charakter völlig beybehalten, und ist nun im Begriff, über Genf nach Italien zu gehn, um mit seinem Freunde Voltaire mündliche Abrede zu nehmen, wie man dem christlichen Aberglauben den letzten Stoß beybringen soll. Er denkt sich hier zu Schiffe zu setzen, um in Holland oder Hamburg ans Land zu steigen, denn es ist ihm höchst gleichgültig, an welchem Ende der Erden er das feste Land zuerst betritt.

Als er das letztemal auf Reisen gehn wollte, dingte er sich auf ein Schiff, das nach Livorno segelfertig lag, und sein Reise

geräth

geräth war wirklich schon am Bord gebracht. Wie er in einem Boote die Themse hinunter fuhr, setzte man ihn aus Versehn an ein anders Schiff, das schon segelte; und er erfuhr beym Nachfragen, daß solches nach Petersburg gienge. — „Petersburg — „Petersburg! — (sagte er,) meinethalben! „ich will wohl mit reisen." Den Augenblick schloß er mit dem Capitain über die Fracht, kaufte von dem Steuermann ein paar Hemden, und ward glücklich nach dem rußischen Hofe geführt. Von da gieng er zu Lande nach Livorno, um sein Reisegeräthe in Empfang zu nehmen. — Es sieht mehr als jemals darnach aus, daß er einen ähnlichen Spaaß ausführen wird, und ich will alles wetten, was man will, daß er, da er nach dem Laufe der Natur nicht mehr lange zu leben hat, auf eine eben so sonderbare Art aus der Welt gehn wird, als er darinn gelebt hat. *)

Allein

---

*) Dieser Mann ließ sich über die See nach Frankreich setzen, besuchte Voltaire zu Fernay und unterredete sich mit ihm; fieng seinen alten Zirkel zu Genua wieder an, und starb im Jahre 1767

zu

Allein, von einem Sonderlinge auf den
andern zu kommen, muß ich Ihnen sagen,
daß mir das Stahlwasser sowohl als das
Seebaden gut gethan hat, und ich länger
dabey geblieben seyn würde, wenn mich
nicht

zu Florenz im Hause des Vanini. Nachdem er
eine Zurückhaltung des Urins bekommen, beschloß er, dem Pomponius Atticus nachzuahmen,
und sich durch Enthaltung vom Essen und Trinken abzuführen, und diesen Vorsatz setzte er
durch, gleich einem alten Römer. Er hatte bis
an den letzten Augenblick Gesellschaft bey sich;
sagte seine kurzweiligen Einfälle; sprach mit jedermann über alles, was man wollte, und un-
terhielt seine Gäste mit Musik. Am dritten
Tage seiner Fasten waren seine Beschwerden völlig verschwunden, allein er weigerte sich, das
geringste zu genießen. Er sagte, den unangenehmsten Theil seiner Reise habe er zurückgelegt,
und er müßte ja wohl ein großer Thor seyn, sein
Schiff wieder umzukehren, wenn er gerade in
den Hafen laufen könnte. Bey diesen Gesinnungen verharrte er, ohne einiges Zeichen von
Affectation blicken zu lassen, und endigte dergestalt seinen Lauf mit einer solchen freymüthigen
Heiterkeit, die dem größesten Stoiker des Alter-
thums würde Ehre gemacht haben.

nicht eine höchst lächerliche Begebenheit zum
Gerede der Stadt gemacht, und also genöthigt hätte, den Ort zu verlassen; denn ich
kann den Gedanken nicht ausstehn, daß
mich der große Haufen angaffe — . Gestern
Morgen um sechs Uhr gieng ich hinunter
zum Badeplatze, in Begleitung meines Be-
bienten Klinker, welcher, wie gewöhnlich,
auf dem Strande blieb. Der Wind blies
aus Norden, das Wetter war neblicht,
und das Wasser so kalt, daß ich, als ich
von dem ersten Untertauchen wieder in die
Höhe kam, mich nicht enthalten konnte, wegen der Kälte laut zu seufzen und zu hud-
dern. Klinker der das hörte, und mich eine
ziemliche Weite von dem Führer entfernt
das Wasser schlagen sah, hielt es für ausgemacht, ich stünde im Begriffe zu ertrinken,
und sprang mit Kleidern und allem in die
See, und warf in der Hast den Führer
übern Haufen, um seinen Herrn zu retten.
Ich war ein paar Schläge hinausgeschwom-
men, als ich das Geräusch hörte, und mich
umsah und Klinker schon bis an den Hals
in Wasser erblickte, indem er auf mich zu-
kam und alles Wilde der Angst im Gesichte
hatte.

hatte. — Aus Besorgniß, er möchte zu weit in die Tiefe kommen, eilte ich ihm entgegen, als er mich plötzlich bey einem Ohre ergriff, und mich, so wie ich vor Schmerz heulte, nach dem Strande aufs Trockne schleppte, zum Erstaunen aller Menschen welche da versammlet waren, Männer, Weiber und Kinder.

Ich war durch den Schmerz an meinem Ohre und über den Schimpf in einer solchen Stellung zur Schau gestellt zu seyn, so aufgebracht, daß ich ihn in der ersten Hitze zu Boden schlug, drauf wieder nach der See zurück lief, und mich in der Maschiene verbarg, worinn meine Kleider aufbewahrt lagen. Ich faßte mich bald wieder in soweit, daß ich dem armen Kerl Gerechtigkeit wiederfahren ließ, der in der Einfalt seines Herzens aus Treue und Ergebenheit gehandelt hatte — Wie ich die Thüre der Maschiene öffnete, welche alsobald ans Ufer gezogen war, sah ich ihn am Rade stehn, daß er trufelte wie eine Wasserkunst, und von Kopf bis zu Fuße zitterte; theils vor Kälte, theils vor Furcht, daß er seinen

N 2 Herrn

Herrn beleidigt hätte. — Ich bat ihn um Vergebung wegen des Schlages, den ich ihm gegeben hatte, versicherte ihn, daß ich nicht böse auf ihn sey, und befahl ihm, daß er gleich zu Hause gehn, und trockne Kleider anziehn sollte. Er konnte es kaum übers Herz bringen, diesem Befehle zu folgen, so geneigt war er, dem Johann Hagel auf meine Kosten noch länger was zu gaffen zu geben. Klinkers Absicht war unstreitig löblich, allein nichts destoweniger leide ich durch seine Einfalt — Ich habe eine brennende Hitze, und ein sehr heftiges Sausen und Brausen in dem Ohre, seitdem er so unbarmherzig damit umgesprungen ist; und kann mich nicht auf der Gasse sehn lassen, ohne daß man mit Fingern auf mich zeigt, als auf das Meerwunder, welches nackt ans Land geschleppt worden. — Ja, sehn Sie, ich behaupte, daß die Dummheit oft noch mehr Aerger macht, als die Bosheit, und noch größer Unheil stiftet dazu. Und ob ein Mann nicht lieber einen gescheiten Schelm zum Bedienten wählen sollte, als einen ehrlichen Einfaltspinsel;

Pinsel; das ist eine Frage, die keinen Zweifel mehr leidet bey

Ihrem
Scarborough,
den 4ten Junii.

M. Bramble.

An Sir Watkin Philipps, Baronet, im alten Jesuitercollegio zu Oxford.

Mein liebster Watt,

Ueber Hals und Kopf sind wir aus Scarborough gereiset, und das, der aufs höchste getriebenen Zärtlichkeit Onkels zu Gefallen, ders nicht ausstehen kann, praetereuntium digito monstratus zu seyn.

Eines Morgens, als er sich in der See badete, setzte sichs fein Kerl, Klinker, in den Kopf, sein Herr sey in Gefahr zu ertrinken, und in dieser Einbildung stürzte er sich ins Wasser, schleppte ihn nackt ans Land, und riß ihm dabey fast ein Ohr vom Kopfe. Sie können sich vorstellen, wie diese Heldenthat unserm Onkel Bramble gefallen haben muß,

muß, der hitzig und jähzornig, und mit seiner Person im höchsten Grade züchtig und schamhaft ist. Bey der ersten Aufwallung seiner Galle schlug er Klinkern mit der Faust zur Erden; er machte ihm aber hernach diesen Schimpf wieder gut, und um dem Gerede und Nachgucken der Leute zu entgehn, bey welchen ihn diese Begebenheit merkwürdig gemacht hat, beschloß er, gleich des folgenden Tages Scarborough zu verlassen.

Das geschah also; und wir nahmen unsern Weg durch die Moorhaide über Whitby, und reiseten früh aus, in Hoffnung, denselben Abend noch Stockton zu erreichen; allein in dieser Hoffnung wurden wir betrogen. — Des Nachmittags, als wir über eine tiefe Aushöhlung fuhren, die ein Regenbach gemacht hatte, ward der Wagen so hart angezogen, daß der Krollnagel oder eins von den Eisen, die das Ganze zusammen halten, abbrach, und der lederne Riemen an eben der Seite mitten entzwey riß. Der Stoß war so heftig, daß meine Schwester Liddy mit dem Kopfe gegen Tante Tabbys Nase flog, und zwar so stark, daß das Blut herausfloß; und Win Jenkins ward

durch

durch das kleine Fenster an der Rückseite des
Wagens geworfen, worinn sie fest saß, wie
eine Hurenmutter in der Pillory, so lange
bis sie durch Onkels Hand erlöset ward.
Wir waren noch über drittehalb Meilen von
irgend einem Orte, wo wir hätten ein ander
Fuhrwerk nehmen können, und mit der Kutsche weiter zu gehn, war unmöglich, eh nicht
der Schaden wieder ausgebessert war. —
In dieser Verlegenheit entdeckten wir eine
Schmiede, an der Ecke eines kleinen Dor-
fes, ungefähr eine gute viertel Meile Wegs
von dem Orte, wo uns das Unglück begegnete. Und der Postillion gab sich alle Mühe,
den Wagen langsam dahin zu leiren, unterdessen daß die Gesellschaft zu Fuße gieng.
Allein wir fanden, daß der Schmidt vor einigen Tagen gestorben, und seine Frau, die
erst kürzlich entbunden worden, lag zu Bette,
und war von Sinnen, unter der Aufsicht einer Krankenwärterinn, welche das Kirchspiel
gemiethet hatte. Wir wurden sehr nieder-
geschlagen bey dieser neuen Widerwärtigkeit,
welche aber bald durch Klinkers Hülfe über-
wunden ward, welcher ein bewundernswür-
diges Gemisch von Geschicklichkeit und Ein-

N 4   falt

falt ist. Als er die Werkzeuge des Verstorbenen und einige Kohlen in der Werkstatt gefunden hatte, schraubte er in aller Geschwindigkeit das zerbrochne Eisen los, zündete Feuer an in der Esse, und schweißte die Enden eben so geschickt als geschwind wieder zusammen. Während der Zeit, daß er daran arbeitete, sprang die arme kranke Frau, welcher der bekannte Klang vom Hammer und Amboß in die Ohren fiel, ungeachtet des Widerstandes ihrer Wärterinn, von ihrem Strohlager auf, und kam in die Werkstätte gelaufen, woselbst sie ihre Arme um Klinkers Hals warf, und weinend sagte: "Ach lieber Jacob! wie konntest Du mich "in solchen Umständen verlassen!"

Dieser Auftritt war zu rührend, um nur über den Irrthum zu lächeln. — Er brachte Thränen in jedes Auge. Die arme Wittwe ward wieder auf ihr Lager gebracht; und wir verließen das Dörfchen nicht, ohne Etwas für sie zu thun — Sogar wurde bey dieser Gelegenheit Tabithas christliche Milde rege. Der gutherzige Humphry Klinker weinte, was er konnte, und hammerte dabey immer fort. — Allein seine Erfindsamkeit

samkeit war nicht in sein eignes Schmiede-
handwerk eingeschränkt. — Es war nöthig, den Schwungriemen wieder ganz zu
machen, welcher gerissen war; und auch
diesen Dienst besorgte er. Er fand eine zerbrochne Ahle, welche er wieder anspitzte und
schliff; er spann ein wenig Hanf, machte
Drath daraus, und schmiedete einige kleine
Nagel, und hiermit brachte er das Werk zu
Stande. Im Ganzen dauerte es kaum etwas mehr als eine Stunde, bis wir im
Stande waren, wieder fortzufahren; aber
auch dieser kleine Aufhalt nöthigte uns, die
Nacht zu Gisborough zu bleiben. Des folgenden Tages giengen wir über die Tees zu
Stockton, welches eine hübsche angenehme
Stadt ist; und hier entschlossen wir uns,
des Mittags zu essen, um die Nacht zu
Durham zu schlafen.

Wen sollten wir beym Aussteigen auf
dem Hofe angetroffen haben, als den
Glücksritter Martin? Nachdem er die Damen aus dem Wagen gehoben und in ein
Zimmer geführt hatte, woselbst er mit seiner gewöhnlichen Beredsamkeit Tante Tabby sein Compliment machte, bat er um Erlaubniß,

laubniß, mit meinem Onkel in einem andern Zimmer ein Wort zu sprechen; und hier entschuldigte er sich mit einiger Verwirrung, daß er sich die Freyheit genommen, ihn zu Stevenage mit einem Briefe zu beschweren. Er bezeigte seine Hoffnung, Herr Bramble würde die Güte gehabt, und seinen betrübten Fall in einige Ueberlegung gezogen haben; dabey wiederholte er sein Verlangen, in seine Dienste aufgenommen zu werden.

Mein Onkel sagte ihm, nachdem er mich dazu gerufen hatte, daß wir beyde sehr geneigt wären, ihn aus einer Lebensart zu reissen, die eben so gefährlich als ehrenlos wäre; und daß er keine Bedenklichkeiten haben würde, sich auf seine Dankbarkeit und Treue zu verlassen, wofern er einen Platz für ihn wüßte, der sich für seine Umstände und Fähigkeiten paßte; allein, alle die Stellen, deren er in seinem Brief erwähnt, wären mit solchen Personen besetzt, über welche er keine Ursache zu klagen hätte; ohne Ungerechtigkeit könnte er also niemand davon aus dem Brodte setzen — Bey dem Allem aber wäre er sehr bereitwillig, ihm in einem jeden thunlichen Projecte entweder mit

seinem

seinem Beutel oder mit seiner Empfehlung
beyzustehn.

Martin schien bey dieser Erklärung von
Herzen gerührt zu seyn.— Thränen drängten sich in die Augen, als er mit stam-
melnder Zunge sagte: — „Edelgesinnter
„Mann! — Ihre Großmuth überwältigt
„mich! — Mir hat nie geträumt, Ihnen
„wegen Geldhülfe lästig zu seyn — Wirk-
„lich ich bedarf keine — Ich bin an ver-
„schiedenen Orten, zu Burton, Harrigate,
„Scarborough und Newcastle so glücklich im
„Billard und Wetten gewesen, daß ich an
„baarem Gelde ein Capital von drey hun-
„dert Pfund besitze, welches ich gerne dazu
„anwenden möchte, eine ehrliche Lebensart
„anzufangen; allein mein Freund, der Rich-
„ter Buzzard, hat meinem Leben so manche
„Schlingen gestellt, daß ich gezwungen bin,
„alsobald mich entweder in eine entfernte
„Gegend des Landes zu begeben, wo ich des
„Schutzes eines edelmüthigen Herrn genies-
„sen kann, oder das ganze Reich zu meiden.
„Ueber diese einzige Wahl ist es, worüber
„ich mir Ihren gütigen Rath ausbitte —
„Ich habe immer Nachricht von Ihrem

„Wege

„Wege gehabt, seitdem ich die Ehre hatte,
„Sie zu Stevenage zu sehn; und da ich vor-
„aussetzte, Sie würden von Scarborough
„dieses Weges kommen, so kam ich gestern
„Abend von Darlington hier an, um Ihnen
„meine Ehrerbietung zu bezeugen."

„Es würde nicht schwer halten, Ihnen
„einen sichern Aufenthalt auf dem Lande zu
„verschaffen, (versetzte mein Onkel;) allein
„ein müßiges, unthätiges Leben würde Ih-
„rer lebhaften und unternehmenden Ge-
„müthsart wenig angemessen seyn — Des-
„wegen wäre mein Rath, Sie versuchten
„Ihr Glück in Ostindien. — Ich will Ih-
„nen einen Brief an einen Freund in London
„geben, der Sie der Direction zu einer Of-
„ficierstelle in ihrem Dienste empfehlen soll;
„und kann er das nicht erhalten, so wird
„man Sie wenigstens als einen Freywilli-
„gen annehmen — Und in dem Falle ha-
„ben Sie, wovon Sie die Reise bezahlen
„können, und ich will es auf mich nehmen,
„Ihnen solche Vorschreiben zu verschaffen,
„daß Sie nicht lange unbefördert bleiben
„sollen."

Mar-

Martin nahm den Vorschlag ganz begierig an; es ward also beschlossen, daß er
sein Pferd verkaufen, und zu Waſſer nach
London gehn ſollte, das Project ohne Auf-
ſchub ins Werk zu ſetzen — Unterdeſſen
begleitete er uns nach Durham, wo wir unſer Nachtquartier nahmen — Hier nahm
er, nachdem er von meinem Onkel mit Brie-
fen verſehen war, von uns Abſchied, mit
ſtarken Zeichen von Dankbarkeit und Ergebenheit, und gieng nach Sunderland, um
ſich auf das erſte Steinkohlenſchiff zu ver-
dingen, das nach der Themſe laufen würde.
Er war noch keine halbe Stunde fort, als
uns ein andrer Charakter aufſtieß, der etwas außerordentliches verſprach. — Ein
langes, hageres Gewächs, das mit ſeinem
Pferde der Beſchreibung von Don Quischott
auf ſeiner Rozinante entſprach, erſchien in
der Eulenflucht an der Pforte des Wirths-
hauſes, als meine Tante und Libby im Eß-
zimmer vor dem Fenſter ſtunden — Er
trug einen Ueberrock, wovon das Tuch ehedem Scharlach geweſen war, beſetzt mit einer ſchmalen goldnen Treſſe, die itzt alles
Metalls beraubt waren; ſeine Schaberaque
und

und Holftertaschen waren von eben dem Stoffe und Alterthum. Da er oben am Fenster Frauenzimmer gewahr wurde, wollte er sich angreifen und schulgerecht absitzen; allein der Hausknecht vergaß den Steigbügel fest zu halten, als er den rechten Fuß heraus schwenkte, und mit dem ganzen Gewichte auf dem andern stund, und der Bauchgurt gab nach, der Sattel schoß herum, und da lag der Cavalier zur Erden; sein Huth und Perücke fielen zugleich ab, und ließen ein Kopfstück von allerley Farben sehn, das ganz jämmerlich bepflastert war. — Die Damen oben am Fenster thaten vor Schreck einen Schrey, weil sie meynten, der Fremde sey durch den Fall zu Schaden gekommen. Allein der größeste Schmerz, den er fühlte, war über das schimpfliche Absitzen, wozu noch die Schaam kam, daß er sein übel zugerichtetes Cranium bloß gewiesen hatte; denn gewisse gemeine Leute, die da herum waren, lachten überlaut, in der Meynung, der Capitain habe einen grindigen oder zerknüppelten Kopf, Eins so schimpflich, wie das Andre.

Er

Er sprang alsobald wüthend wieder auf, haschte nach einer Pistole und drohte, den Hausknecht zu erschießen, als ein zweytes Geschrey des Frauenzimmers seinem Eifer Einhalt that. Er bückte sich hierauf gegen das Fenster, küßte dabey den Pistolenknopf, und steckte sie wieder an ihren Ort; setzte in großer Eile seine Perücke wieder zurechte, und führte sein Pferd nach dem Stalle — Um diese Zeit war ich an die Thüre gekommen, und konnte nicht umhin, diese sonderbare Figur, die mir da vors Gesicht kam, mit großen Augen zu betrachten — Er würde über sechs Fuß lang gewesen seyn, wenn er sich gerade getragen hätte, er gieng aber sehr gebeugt; hatte sehr schmale Schultern und desto breitere Waaden, welche in schwarze Stiefelletten gezwängt waren. Seine Lenden hingegen waren lang und dünn, wie die Lenden eines Heupferds; sein Gesicht hatte seine guten achtzehn Zoll in die Länge, war braun und schrumpflicht, mit hervorragenden Backenknochen, grauen Augen, die ins Grünlichte fielen, einer bretten Haackennase, spitzem Kinn, einem Munde von Ohr zu Ohr, schlecht mit Zähnen bestellt, und dabey

bey eine lange, schmale Stirne, voller Falten und Runzeln. Sein Roß war genau im Style seines Reiters; eine Auferstehung von dürren Knochen, die er (wie wir hernach erfahren,) in sehr hohem Werthe hält, als das einzige Präsent, das ihm in seinem Leben gemacht ist.

Nachdem er sein Leibroß im Stalle gehörig versorgt gesehn, sandte er seine Empfehlung an die Damen, und ließ um die Erlaubniß bitten, daß er ihnen persönlich für den Antheil, den sie an seinem Unfalle im Hofe genommen, Dank abstatten dürfe — Onkel sagte, sie könnten anständiger Weise seinen Besuch wohl nicht abschlagen, er ward also heraufgeführt, und machte sein Compliment in schottischer Mundart mit vieler Feyerlichkeit. — „Ladies, (sagte er,) „Sie können vielleicht eine nachtheilige Mey„nung von meinem Kopfe gefaßt haben, da „er durch einen Zufall entblößt wurde. Al„lein ich kann Sie versichern, er ist in den „Zustand, worinn Sie ihn gesehn, weder „durch Krankheit noch Trunkenheit gerathen; „es sind nichts als ehrliche Narben, die ich „im Dienste meines Vaterlandes davon ge-
„tragen

„tragen habe." Er gab uns drauf zu verstehn, er sey zu Ticonderoga in America verwundet worden, darauf hätte ihn eine Parthey Indianer geplündert, die Haut von dem Hirnschädel gezogen, mit einem Schlage einer Streitaxt den Schädel zerbrochen, und ihn für todt auf dem Wahlplatze liegen lassen; da man aber nachher einige Lebenszeichen an ihm wahrgenommen, hätten ihn die Franzosen in ihrem Hospitale wieder curirt, obgleich der substantielle Verlust nicht habe ersetzt werden können; daß also der Schädel an verschiedenen Stellen ohne Haut geblieben, und diese bedeckte er mit trocknen Pflastern.

Durch nichts in der Welt kann ein Engländer leichter gefaßt werden, als durch Mitleiden. — Wir waren augenblicklich für diesen alten Kriegsmann eingenommen. — Selbst Tabbys Herz ward erweicht; allein unser Mitleiden warb von Unwillen erhitzt, als wir hörten, daß er, während des Laufs von zween blutigen Kriegen, verwundet, verstümmelt, zerhauen, gefangen genommen und zum Sclaven gemacht worden, ohne mit alle dem weiter als bis zur Stufe eines Lieute-

Lieutenants gestiegen zu seyn. — Meines Onkels Augen glühten, und seine Unterlippe bebte, als er ausrufte: „Beym Himmel, „Sir, Ihre Umstände gereichen dem Dienste „zum Vorwurfe! — Die Ungerechtigkeit, „die Ihnen wiederfahren, ist so himmel= „schreyend" — „Ich muß Sie um Verzei= „hung bitten, Sir, (fiel ihm der Andre in die Rede,) „ich beklage mich über keine Un= „gerechtigkeit. — Ich kaufte vor dreißig „Jahren eine Fähndrichsstelle; und bin wäh= „rend meines Dienstes Lieutenant geworden, „als mich die Anciennetät traf" — Aber in einer so ewigen Zeit, (erwiederte Onkel,) müssen Sie manchen jungen Officier vor sich haben vorbey springen sehn — „Dem „ungeachtet, (sagte er,) habe ich keine Ur= „sache zu klagen — Sie kauften ihre Er= „höhung für baares Geld — Ich hatte „keins daran zu wenden — Das war „mein Unglück, und keines andern Menschen „Schuld" — „Wie! keinen Freund, der ein „wenig Geld herschießen wollte?" sagte On= kel Bramble. „Vielleicht hätte ich so viel „Geld geliehen bekommen können, eine Com= „pagnie zu kaufen, (antwortete der Andre,)
„die

„die Anleihe aber hätte wieder bezahlt wer-
„den müssen; und ich mochte mir keine
„Schuld von tausend Pfund auf den Hals
„bürden, die ich von einem Gehalt von ei-
„nem halben des Tages hätte abtragen müf-
„sen." — „Also haben Sie den besten Theil
„Ihres Lebens, (schrie Herr Bramble,)
„Ihre Jugend, Ihr Blut und Ihre Gesund-
„heit unter Arbeit, Beschwerden, Gefahren
„und Schrecknissen des Krieges aufgeopfert,
„gegen eine Vergütung von drey oder vier
„Schillingen des Tages — eine Vergü-
„tung" — „Sir, (erwiederte der Schottländer mit großer Wärme,) „Sie sind der
„Mann, der mir keine Gerechtigkeit wieder-
„fahren läßt, wenn Sie sagen oder denken,
„ich habe Rücksicht auf irgend eine solche
„elende Vergütung bey meinem Dienste ge-
„habt — Ich bin ein Mann von guter
„Abkunft, und gieng in den Dienst, wie
„andre Edelleute thun, mit solchen Hoffnun-
„gen und Gesinnungen, als eine erlaubte
„Ehrbegierde einflößt — Wenn ich gleich
„kein wichtiges Loos in der Lotterie des Le-
„bens gewonnen habe, so halte ich mich doch
„nicht für unglücklich — Ich bin keinem

D 2 „Men-

„Menschen einen Pfennig schuldig; ich habe
„noch immer ein Stück reine Wäsche anzu-
„legen, kann meine ordentliche Mahlzeit und
„mein Nachtlager bezahlen; und wenn ich
„sterbe, werde ich noch immer so viel Sachen
„nachlassen, wovon die Begräbnißkosten be-
„zahlt werden können."

Mein Onkel versicherte ihn, er hätte nicht die Absicht gehabt, ihn durch die gemachte Anmerkung im geringsten zu beleidigen; er hätte vielmehr aus einem Gefühl von freundschaftlicher Achtung gegen ihn gesprochen — Der Lieutenant dankte ihm mit einer so kaltsinnigen Höflichkeit, daß es meinem Onkel verschnupfte, welcher merkte, daß diese Mäßigung blos erkünstelt war; denn seine Zunge mochte sagen was sie wollte, sein ganzes Wesen und Betragen verrieth Mißvergnügen — Kurz, ohne über sein militärisches Verdienst urtheilen zu wollen, darf ich behaupten, daß dieser Caledonier ein roher, ungeschliffner, disputirsüchtiger Pedant ist. — Er hat eine Universitätserziehung genossen, scheint eine Menge Bücher gelesen zu haben; sein Gedächtniß behält alles, und er will verschiedne Sprachen reden,

aber

aber er ist dabey so sehr aufs Haberrechten erpicht, daß er die kläresten Wahrheiten nicht unangetastet lassen kann, und voller Stolz auf seine Magisterkunst unternimmt ers, Widersprüche zu reimen — Ob sein Umgang und seine übrigen Eigenschaften wirklich von dem Schlage, welche dem Geschmacke unsrer Tante Tabby angenehm sind, oder ob diese rastlose Jungfrau ein für allemal beschlossen hat, kein Wild vorbey zu lassen, ohne es anzuschießen, genug sie hat schon angefangen, das Herz des Lieutenants in die Mache zu nehmen, der uns beym Abendessen die Ehre seiner Gesellschaft schenkte.

Ich habe Ihnen noch allerley Dinge von diesem Martissohne zu sagen, und soll damit in einem oder zwey Posttagen aufgewartet werden. Bis dahin ist es billig, daß Sie von diesen schlaftrunkenen Abhandlungen ein wenig Schulferien haben. Ich bin

Ihr

Newcastle upon Tyne,
den 10ten Julii.

ergebenster
J. Melford.

An Sir Watkin Philipps, im alten Jesuitercollegio zu Oxford.

Mein liebster Philipps,

Ich habe Ihnen in meinem Letztern eine sehr gewürzte Schüssel mit dem Charakter eines schottischen Lieutenants aufgetischt, und muß ihn heute noch einmal zu Ihrer Bewirthung aufsetzen. Unser Glück wollte es so, daß wir fast drey Tage lang an ihm geschmauset haben; und ich zweifle nicht, er wird uns noch einmal aufs Korn kommen, ehe wir mit unserm Abstecher nach den nordischen Gegenden fertig sind. Der Tag nach unsrer Begegnung zu Durham war so stürmisch, daß wir nicht Lust hatten, unsre Reise fortzusetzen; und mein Onkel beredete ihn, so lange zu bleiben, bis sich das Wetter aufklärte, und ladete ihn zugleich ein für allemal ein, mit uns fürlieb zu nehmen. Der Mann hat allerdings einen ganzen Sack voller besondern Anmerkungen aufgesammlet; allein er bringt sie mit einer so widrigen Art hervor, die sehr eckelhaft seyn würde,

wenn

wenn sie nicht so ganz das Gepräge des charakteristischen Sonderlings an sich hätte, welches allemal sicher die Aufmerksamkeit reitzt. — Er und Onkel Bramble sprachen, ja disputirten über allerley Gegenstände des Kriegs, der Policey, der schönen Wissenschaften, der Gesetze und der Metaphysik; und zuweilen geriethen sie in einen solchen hitzigen Streit, welcher einen plötzlichen Bruch ihrer Bekanntschaft zu drohen schien. Aber Onkel stellte eine Schildwacht bey seine eigne Pulverkammer, die um desto wachsamer seyn mußte, weil der Officier sein Gast war; und wenn Trotz alles seines Wachens die Lunte zu nahe ins Glimmen gerieth, so ward der andre behutsamerweise in eben dem Grade kälter.

Unter andern begab sichs auch, daß Tante Tabby ihren Bruder einmal mit dem vertraulichen Namen Matt anredete. „Mit „Ihrer Erlaubniß, (sagte der Lieutenant,) „heissen Sie Mattheus?" — Sie müssen wissen, es ist eine von unsers Onkels Schwachheiten, daß er sich vor dem Namen Matthias schämt, weil er bey den Puritanern sehr im Gange ist; und diese Frage

that ihm so wehe, daß er antwortete: „Der
„Henker, warum nicht gar?" in einem deutlichen Tone des Mißvergnügens. — Der
Schottländer stutzte vor der Art, wie man
antwortete, warf den Kopf in die Höhe und
sagte: „Wenn ich hätte denken können,
„daß Sie Ihren Namen nicht sagen möch-
„ten, so würde ich Sie nicht gefragt ha-
„ben. — Die Dame nannte Sie Matt,
„und ich dachte natürlicher Weise, das hieße
„Mattheus: — Vielleicht ists Mattgast,
„oder Mathuselah, oder Metrodorus, oder
„Metellus, oder Mathurinus, oder Mal-
„thinus, oder Matamoros, oder" —
„Nein, (rufte mein Onkel mit Lachen,) nein
„Herr Lieutenant, keiner von allen denen;
„mein Name heißt Matthäus Bramble, Ih-
„nen anzuwarten. — Es ist weiter nichts,
„als daß ich thörichter Weise den Namen
„Matthäus nicht leiden kann, weil er nach
„den Kopfhängern riecht, welche zu Crom-
„wells Zeiten allen ihren Kindern Namen
„aus der Bibel gaben." — „Thöricht ge-
„nug, (sagte Tabby,) und sündlich dazu,
„deinen eignen Namen zu hassen, weil er
„aus der heiligen Schrift genommen ist.

„Du

„Du solltest doch hübsch nicht vergessen, daß
„du nach deinen Groß=Onkel getauft bist,
„nach Matthäus ap Maboc ap Meredith,
„Esquire, von Clanwystinn, in Montgome-
„ryshire, erster Friedensrichter und Landes-
„Aeltester; ein Herr von großem Verdienst
„und Vermögen, der mütterlicher Seite in
„ganz gerader Linie von Clewellyn, Prinzen
„von Wallis, abstammt."

Diese genealogische Anecdote schien auf
den Northbritton einigen Eindruck zu machen, welcher sich gegen die Nachkommen
von Clewellyn sehr tief bückte, und anmerkte, daß er selbst die Ehre hätte, einen Namen aus der Schrift zu führen. Da die
Dame ein Verlangen bezeigte, seine Addresse
zu wissen, sagte er, er nennte sich Lieutenant Obadiah Lismahago; und um ihrem
Gedächtniß zu Hülfe zu kommen, überreich-
te er ihr ein Stückchen Papier, das mit diesen drey Worten beschrieben war, die sie
mit vielem Nachdruck wiederholte und bezeugte, es wäre einer der besten und wohl-
klingendsten Namen, die sie je gehört hätte.
Er merkte an, daß Obadiah ein Taufname
sey, der ihm nach seinem Großvater beyge-

legt,

legt, der einer von den Ersten gewesen, die an der Kirchenvereinigung in Schottland gearbeitet; Lismahago aber sey der Familienname, von einem Orte in Schottland, der eben so hieße. Er ließ sich gleichfalls Etwas von dem Alterthume seines Stammbaums entfallen, indem er mit einem Lächeln der Selbstverläugnung hinzusetzte: Sed genus et proavos, et quae non fecimus ipsi, vix ea nostra voco, welche Stelle er den Damen zu gefallen übersetzte; und Fräulein Tabitha ermangelte nicht, ihn wegen seiner Bescheidenheit zu rühmen, daß er sich von dem Verdienste seiner Vorältern nichts anmaßen wolle, mit dem Zusatze, daß er solches auch um destoweniger bedürfe, da er für sich ohnedem schon genug besäße. Sie fieng nun an, sich mit den gröbsten Schmeicheleyen an seine Wohlgewogenheit fest zu klammern. — Sie sagte ein Langes und Breites über das Alter und die Tugend der schottischen Nation, über ihre Tapferkeit, Redlichkeit, Gelehrsamkeit und höfliche Sitten. — Sie ließ sich sogar so weit herab, daß sie ihn über seine eigne persönliche Vollkommenheiten, als Wohlredenheit, Galanterie,

terie, Verstand und Gelehrsamkeit, Lobsprüche ins Gesicht sagte. — Sie ruft ihren Bruder zum Zeugen, ob der Capitain nicht das leibhafte Ebenbild unsers Vetters, Gouverneur Grisfith, sey! Sie äußerte eine heftige Begierde, die besondern Umstände seines Lebens zu wissen, und that ihm wohl tausend Fragen über seine Kriegsthaten; welche Herr Lismahago allesammt mit einer jesuitischen Zurückhaltung beantwortete, und sich künstlich stellte, als obs ihm zuwider sey, ihre Neugierde über solche Gegenstände zu befriedigen, die seine eigne Thaten beträfen.

Indessen bekamen wir durch ihr unablässiges Fragen so viel zu wissen, daß er und der Fähndrich Murphy aus dem französischen Hospitale zu Montreal entwischt, und in Hoffnung, eine englische Pflanzerey zu erreichen, nach den Wäldern geflohen wären: allein da sie sich in der Gegend verirret, fielen sie einer Parthey Miamis in die Hände, welche sie gefangen mit sich fortführten. Die Absicht der Indianer war, einen von ihnen einem ehrwürdigen Sachem zum adoptirten Sohn zu schenken, weil er seinen

eignen

eignen während dieses Krieges verloren hatte; und den andern nach der Gewohnheit des Landes zu opfern. Murphy, als der jüngste und schönste von beyden, war bestimmt, die Stelle des Verstorbnen zu ersetzen, nicht allein als Sohn des Sachems, sondern auch als Ehgemahl einer schönheitsbegabten Squaw, mit der sein Vorweser verlobt gewesen. Allein auf dem Zuge durch die verschiednen Whigwhams, oder Dörfer der Miamis, ward dem armen Murphy von den Weibern und Kindern, welche das Recht haben, alle Gefangne auf ihrem Marsche nach Gefallen zu peinigen, so übel mitgespielt, daß er gegen die Zeit, da sie an dem Residenzorte des Sachems anlangten, zu den Zwecken des Ehestandes völlig untüchtig gemacht war: es ward also in einer Versammlung der Krieger beschlossen, daß Fähndrich Murphy an dem Pfahle sterben, und die Dame dem Lieutenant Lismahago gegeben werden sollte, der freylich auch seinen Theil von den Quaalen unterwegs gehabt hatte, aber doch nicht bis zum Entmannen. — Ein Glied von einem Finger hatte man ihm abgeschnitten, oder vielmehr mit

mit einem verrosteten schartigen Messer ab-
gesäget; einer von seinen großen Zähen war
ihm zwischen zwey Steinen zu Mus ge-
quetscht; einige von seinen Zähnen waren
ihm ausgezogen, oder besser zu sagen, mit
einem krummen Nagel ausgegraben. Ge-
splittertes Rohr hatte man ihm in die Na-
senlöcher und andre empfindliche Theile gestoßen, und in die Waden an seinen Beinen
hatte man mit dem scharfen Ende von Streit-
äxten Minen gebohret, Schießpulver hinein-
gethan, und das Fleisch weggesprengt.

Die Indianer selbst mußten gestehn, daß
Murphy mit großem Heroismus starb, indem er zum Todtengesange das schottische
Drimmenboo, mit Lismahago, zweystimmig
absang, welcher bey der Feyerlichkeit zuge-
gen war. Nachdem die Helden und Matro-
nen eine wohlschmeckende Mahlzeit von dem
dicken Fleische gehalten, das sie von dem
Schlachtopfer ablöseten, und ihm allerley
Marter angethan hatten, die er litt, ohne
zu muchsen, kam eine alte Dame mit einem
scharfen Messer, nahm ihm damit ein Auge
aus, und steckte dafür eine glühende Kohle
in die Höhle. Die Quaal dieser Operation
                                      war

war so heftig, daß er sich des Brüllens nicht enthalten konnte, auf welches die Versammlung ein großes Jubelgeschrey erhub, und einer von den Kriegern schlich sich hinter ihn, und gab ihm mit einer Axt den Gnadenstoß.

Lismahagos Braut, die Squaw Squinkinacoosta, that sich bey dieser Gelegenheit sehr hervor. — Sie zeigte ein erhabnes Genie in den Quaalen, welche sie erfand, und mit eigner Hand ausführte. — Sie aß von dem Opferfleische mit dem tapfersten Krieger in die Wette; und nachdem schon alle übrige Damen von Brandtewein taumelten, war sie noch nicht so berauscht, daß sie nicht hätte noch sollen die Bundesschaale mit dem Sachem leeren können, und hernach gieng sie noch durch alle Ceremonien ihres eignen Beylagers, welches an demselben Abend vollzogen ward. Der Lieutenant hatte mit dieser tugendbegabten Squaw zwey Jahre lang sehr glücklich gelebt, in welcher Zeit sie ihm einen Sohn geboren, der itzt der Anführer des Stammes seiner Mutter ist; allein, zuletzt war sie zu seiner unaussprechlichen Betrübniß an einem Fieber

ber geſtorben, welches ſie ſich dadurch zugezogen, daß ſie zu viel rohes Fleiſch von einem Bären gegeſſen, den ſie auf einer großen
Jagd erlegt hatten.

Um dieſe Zeit war Liſmahago zum Sachem
erwählt, zum vornehmſten Krieger von dem
Stamme Badger erklärt, und ihm der Eh-
renname Occacanaſtaogarora beygelegt worden, welches ſo viel bedeutet als, behende
wie ein Wieſel. Allen dieſen Ehren und
Vorzügen war er indeſſen genöthigt zu ent-
ſagen, weil er ausgewechſelt ward gegen den
Redner der Bundesgenoſſen, welcher von
den Indianern, die mit den Engländern in
Bündniß ſtunden, war gefangen worden.
Beym Frieden ward er auf halben Sold ge-
ſetzt, und nun war er nach Hauſe gekommen,
in der Abſicht, das Uebrige ſeines Lebens in
ſeiner Heymath zuzubringen, woſelbſt er einen Aufenthalt zu finden hoffte, da er von
ſeinem kleinen Einkommen mäßig leben
könnte. Das ſind die Auſſenlinien von des
Herrn Liſmahagos Geſchichte, welcher Tabitha ſehr ernſthaft ihre Ohren neigte; —
In der That ſchien ſie von eben den Reizungen gefeſſelt zu ſeyn, welche das Herz der

Desde-

Desdemona eroberten, welche den Mohren aus Mitleiden mit den Gefahren, die er ausgestanden hatte, liebte.

Die Beschreibung der Leiden des armen Murphy, worüber meine Schwester Libby in Ohnmacht sank, lockte einige Seufzer aus Fräulein Tabbys Brust; als sie hörte, daß er zum ehelichen Leben untüchtig gemacht worden, spuckte sie aus, und sagte mit Seufzen: „barmherziger Himmel! welche „grausame Unmenschen!" Und bey dem Brautmaale der Dame verzerrte sie das Gesicht; allein sie war doch sehr begierig zu wissen, was sie als Braut alles angehabt hätte; ob sie eine hohe Schnürbrust oder nur ein Corsett getragen, ob ihr aufgestecktes Kleid von seiden Stoff oder von Sammt, und ob ihre Spitzen von Braband oder obs nur Minionetten gewesen? Sie meynte, da sie doch mit den Franzosen im Bündniß gewesen, so würde sie sich wohl geschminkt und die Haare nach französischer Frisur getragen haben. Der Capitain wäre gern einer deutlichen Antwort über alle diese Puncte ausgewichen, indem er überhaupt anmerkte, die Indianer hielten zu steif und fest über

ihre

ihre eignen Gebräuche, um von einer andern Nation, es sey welche es wolle, Moden anzunehmen; er sagte auch noch ferner, daß sich weder die Einfalt ihrer Sitten, noch der Handel ihres Landes mit diesen Artikeln der Ueppigkeit vertragen würden, welche man in Europa für Pracht hält; und daß sie zu mäßig und klug wären, der Einführung solcher Moden Vorschub zu thun, welche Etwas beytragen könnten, ihre Sitten zu verderben, und sie weichlicher zu machen.

Diese Anmerkungen dienten blos, ihre Begierde noch mehr zu entflammen, die besondern Umstände zu erfahren, nach welchen sie sich erkundigt hatte; und bey allen seinen Ausweichungen konnte ers doch nicht vermeiden, folgende Umstände zu entdecken:— Daß seine Prinzeßinn weder Schuh, Strümpfe, Hemde, noch irgend andre Wäsche gehabt. — Daß ihr Brautschmuck in einem Röckchen von rothem Frieß und einer wollenen Decke bestanden, welche um ihre Schultern mit einem kupfernen Haken fest gemacht war; an andern Zierrathen aber hatte sie eine große Menge. — Ihr Haar war zierlich geflochten, und mit Stiften von Men-
schen-

schenknochen geschmückt; Ein Augenlied war grün und das andre gelb, ihre Wangen waren blau, die Lippen weiß, die Zähne roth gefärbt; von der Stirn bis auf die Spitze der Nase war ein schwarzer Strich gemalt; ein paar bunte und glänzende Papagoyenfedern waren durch die Nasenwand gezogen; in ihr Kinn war ein blauer Stein gefaßt; ihre Ohrringe bestanden in ein paar ausgeschnitzelten Knochen, wie Trommelstöcke gestaltet. — Ihre Arme und Beine waren mit Bracelets von in Knoten geschürzten dünnen Stricken geziert — Ihre Brust glänzte von einer Menge Reihen Glascorallen — Sie trug eine schöne Jagdtasche von geflochtnem Grase, welches mit vielen Farben künstlich gefärbt war — um ihren Nacken hieng die frische Schädelhaut von einem Mohawkischen Kriegsmann, den ihr verstorbner Bräutigam in der letzten Schlacht erlegt hatte — und endlich und zuletzt, war sie vom Haupte bis zu den Füßen mit Bärenschmalze gesalbet, welches einen sehr lieblichen Geruch von sich duftete.

Man sollte glauben, eine feine Dame, die Anspruch auf die Moden macht, würde diesen

sen Brautprunk nicht sehr bewundert haben; allein Fräulein Tabby hatte es einmal beschlossen, alles, was den Capitain angienge, für schön zu halten. Sie wünschte freylich, die Squaw möchte besser in Wäsche gewesen seyn; allein sie gestund, es sey viel Geschmack und Erfindung in dem Schmucke; sie zweifelte also gar nicht, Madame Squinkinacoosta sey ein junges Frauenzimmer von Verstande und viel seltnen guten Eigenschaften gewesen, und im Grunde eine fromme Christinn dabey. Darauf fragte sie, ob seine Gemahlinn von der hohen oder niedern Kirche, lutherisch oder reformirt, oder eine Mennonistinn gewesen, oder ob ihr ein Funken von dem neuen Gnadenlichte des Evangelii geworden? Als er gestund, daß die ganze Nation nicht den geringsten Begriff von der christlichen Religion hätte, sah sie ihn voller Verwunderung starr ins Gesicht, und Humphry Klinker, der eben zufälliger Weise im Zimmer war, holte einen herzlich tiefen Seufzer.

Nach einigem Stillschweigen rufte sie aus: „Um Gottes willen, Herr Capitain Lismahago, sagen Sie mir doch, was für eine Re„ligion

"ligion haben die Leute denn?" — "Die "Religion, gnädiges Fräulein, (antwortete der Lieutenant,) "ist unter diesen Leuten eine "sehr simple Sache — Sie haben niemals "von einer Verbindung der Kirche mit dem "Staate gehört. — Ueberhaupt verehren sie "zwey Wesen, die mit einander im Streite "liegen; das Eine die Quelle alles Guten, "und das andre, alles Bösen. — Der große "Haufen ist sowohl hier, als in andern Län= "dern, dem Abgeschmackten des Aberglau= "bens unterworfen; die Vernünftigen aber "beten ein höchstes Wesen an, das die Welt "geschaffen hat, und noch erhält." — "O "was für ein Jammer! (schrie die anbächtige Tabby,) "daß noch kein heiliger Mann den "Trieb des Geistes gehabt hat, unter diese ar= "men Heiden zu reisen und sie zu bekehren!"

Der Lieutenant sagte ihr, es wären in der Zeit, daß er sich unter ihnen aufgehalten, zwey französische Mißionaren hingekommen, um sie zu der catholischen Religion zu be= kehren; als diese unter andern auch lehrten, daß sie im Stande wären, Gott selbst zu er= schaffen, zu essen, zu verdauen, wieder zu erschaffen, und ihn bis ins Unendliche zu

ver=

vervielfältigen, so entsetzten sich die Indianer vor dieser Lehre. — Die Sachems versammleten sich, um die Mißionaren zu vernehmen, und verlangten von ihnen, sie sollten die Göttlichkeit ihrer Sendung durch ein Wunderwerk beweisen. Sie antworteten, das stünde nicht in ihrer Gewalt. — „Wenn ihr wirklich vom Himmel zu uhsrer „Bekehrung gesendet wäret, (sagte einer der Sachems,) „so müßtet ihr gewiß mit „einigen übernatürlichen Gaben ausgerüstet „seyn. Wenigstens würdet ihr die Gabe „der Sprachen haben, um eure Lehre den „verschiedenen Nationen zu predigen, unter „welche ihr euch begebet. Nun aber seyd „ihr so unwissend in unsrer Sprache, daß „ihr euch nicht einmal über die gemeinsten „Dinge ausdrücken könnt."

Kurz, die Versammlung stellte ihnen keinen Glauben zu, sondern hielt sie vielmehr für Kundschafter. — Sie befahlen, jedem einen Beutel mit indianischem Korn zu geben, und bestellten einen Bothen, der sie bis an die Gränze bringen sollte; allein die Mißionaren hatten mehr Eifer als Klugheit; und wollten den Weinberg nicht verlassen. —

Sie

Sie fuhren fort, Messe zu lesen, zu predigen und zu laufen, und mit den Zauberern oder Priestern des Landes zu zanken, bis sie die ganze Gegend in Aufruhr gebracht hatten. Da trat die Versammlung abermals zusammen, und verdammten sie nach ihrer Weise als Rebellen und Gotteslästerer zum Pfahle, an welchen sie mit freudigem Entzücken über die Märtirerkrone, die sie dergestalt empfiengen, und unter dem Gesange, salve regina, stårben.

Während dieser Unterredung entfiel dem Lieutenant Eins und das Andre, woraus erhellete, daß er selbst ein Freydenker sey. Unsre Tante schien bey etlichen Ausfällen, die er auf das Glaubensbekenntniß des heiligen Athanasius that, stutzig zu werden — Er hielt sich lange bey den Worten: Vernunft, Philosophie und ungereimte Widersprüche auf. — Er wollte von der Ewigkeit der Höllenstrafen nichts wissen, und warf sogar einige Schwärmer unter die Unsterblichkeit der Seele, die den Glauben der Tante Tabby ein klein wenig am Rande versengten; denn sie fieng nach gerade an, Herrn Lisma-

Lismahago als ein Wunder von Einsicht und
Gelehrsamkeit zu betrachten. — Kurz, sie
legte es ihm so nahe, daß er ihre Absicht
auf seine Neigung merken mußte, wenn er
auch nicht gewollt hätte; und ob er gleich
ein wenig zurückstoßendes in seiner Natur
hatte: so ward er doch in so weit Meister
darüber, daß er ihr ihre Höflichkeiten nicht
ganz schuldig blieb. — Vielleicht dachte er,
es sey für einen abgelebten Lieutenant, auf
halben Sold, kein übles Plänchen, eine Vereinigung mit einer alten Jungfer zu Stande
zu bringen, welche nach aller Wahrscheinlichkeit dazu Geld genug hätte, ihm das
letzte Restchen seiner Lebenstage bequem und
ruhig zu machen. — Schnell erhub sich
ein Liebäugeln unter diesem liebenswürdigen
Paare von Originalen. — Er befliß sich,
die natürliche Säure in seinen Reden durch
einen Theriak von Lob und Complimenten zu
versüßen. — Von Zeit zu Zeit präsentirte
er ihr seinen Schnupftaback, den er selbst
sehr häufig brauchte, und machte ihr sogar
ein Geschenk von einem Beutel von Seiden-
grase, den seine ehmals herzlich geliebte
Squinkinacoosta für sich zu einer Schießta-

P 4 sche

sche auf ihren Jagden mit eignen Händen gewebt hatte. —

Von Doncaster nordwärts sind in allen Wirthshäusern die Fenster mit elenden Reimen und hämischen Pasquillen über die schottische Nation bekritzelt; und was mich dabey sehr Wunder nahm, ich fand keine Zeile geschrieben, die Etwas zurückgegeben hätte. Neugierig, zu hören, was Lismahago hierzu sagen würde, zeigte ich ihm ein sehr scurrilisches Epigramm auf seine Landesleute, welches in dem Zimmer, wo wir saßen, in eine Fensterscheibe geschnitten war. — Er las es mit der steifesten Gelassenheit; und als ich ihn um seine Meynung von diesem Gedichtchen fragte, „es ist sehr dunkel und sehr „spitzig, (sagte er,) mit einem nassen Tisch„tuche könnte mans aber heller und kläter „machen. — Mich wunderts sehr, daß „dieser witzige Dichter nicht eine Sammlung „von dergleichen Versuchen drucken läßt, er „könnte ihr den Titel geben: des Glasers „Triumph über Sawney den Schotten. — „Ich weis gewiß, sie würde von den Patrio„ten zu London und Westminster sehr gut auf„genommen werden." Als ich ihm meine

„Ver-

Verwundrung bezeigte, warum die Schottländer, die dieses Weges gereiset, nicht alle
diese Fensterscheiben ausgestoßen hätten, erwiederte der Lieutenant, „das wäre, mit
„Ihrer Erlaubniß, eben nicht die beste Po-
„litik — das würde die Satyre um so viel
„spitziger und schneidender machen; und ich
„denke, es ist viel besser, man läßt sie im
„Fenster stehn, als daß sie der Wirth in die
„Rechnung führe."

Meines Onkels Kinnbacken fiengen an
vor Unwillen zu beben. — Er sagte: die
Kritzler solches schändlichen Zeuges verdienten, daß sie an einen Karn gebunden, und
durch die Gassen gestäupt würden, weil sie
ihr Vaterland durch solche Merkmaale von
Bosheit und Dummheit beschimpften. —
„Solches Geschmeiß, (sagte er,) überlegt
„nicht, daß es seinen Mitunterthanen, die
„es schänden will, beständig Materie an die
„Hand giebt, sowohl sich selbst Glück zu
„wünschen, als auch die allermännlichste
„Rache über solche elende niederträchtige
„Angriffe auszuüben. Meiner Seits be-
„wundre ich die philosophische Gelassenheit
„der Schottländer eben so sehr, als ich die

P 5 „Dumm-

„Dummdreistigkeit dieser im Finstern schlei-
„chenden Pasquillanten verachte, welche der
„Keckheit eines Dorfhahns gleich ist, der
„niemals krähet, als auf seinem eignen
„Miste." Der Capitain machte mit einer
angenommenen Aufrichtigkeit die Anmerkung, niederträchtige Gemüther fände man
in allen Ländern; wenn er annehmen wollte,
daß die Engländer überhaupt von eben der
Gesinnung wären, so würde er seinem eignen Vaterlande ein zu großes Compliment
machen, welches so wichtig nicht wäre, sich
den Neid eines so blühenden und mächtigen
Volkes zuzuziehn.

Fräulein Tabby brach von neuem in Lobeserhebungen über seine Bescheidenheit aus,
und betheurete, Schottland wäre der Boden, welcher jede Tugend unter der Sonne
hervorbrächte. — Als Lismahago für Heute
gute Nacht gesagt hatte, fragte sie ihren
Bruder, ob der Capitain nicht der hübscheste Herr wäre, den er jemals gesehn, und
ob er nicht ungemein viel Angenehmes und
Einnehmendes im Gesichte hätte? — Onkel
sagte, nachdem er ihr einige Zeitlang stillschweigend ins Angesicht gesehn; „Schwe-
„ster,

„ster, der Lieutenant ist, so viel ich urthei-
„len kann, ein ehrlicher Mann, und ein
„guter Officier — Er hat ein gut Theil
„Verstand, und ein Recht zu besserer Unter-
„stützung, als er in seinem Leben angetrof-
„fen zu haben scheint; aber mit gutem Ge-
„wissen kann ich nicht bejahen, daß er der
„hübscheste Mann wäre, den ich jemals ge-
„sehn; ich kann auch das Angenehme und
„Einnehmende in seinem Gesichte nicht fin-
„den, das, beym Himmel, von der Natur
„vielmehr stiefmütterlich behandelt, und
„widrig ist.“

Ich habe mir Mühe gegeben, mich bey
diesen Northbritton, der wirklich eine Seltenheit ist, in Gunst zu setzen; allein er ist
sehr zurückhaltend in seinen Gesprächen mit
mir gewesen, von der Zeit an, da ich über
seine Behauptung lachte, daß in Edimburg
besser Englisch gesprochen würde, als in
London. Er sah mich an, und drückte noch
einmal so viel Säure in seinen Blick. „Wenn
„die alte Beschreibung wahr ist, (sagte er,)
„daß die Fähigkeit zu lachen das entscheiden-
„de Kennzeichen eines vernünftigen Geschö-
„pfes ist, so ist es entschieden, daß die Eng-
„länder

„länder größre Anlage zur Vernunft haben, „als irgend ein Volk in der Welt." Ich gestund, daß die Engländer sehr leicht und schnell das possierliche an einer Sache entdeckten, und geneigt wären es zu belachen; aber es folgte noch nicht, daß sie, weil sie leichter lachten, auch eine größre Anlage zur Vernunft hätten, als ihre Nachbarn. Solch ein Schluß, sagte ich, würde eine Beleidigung für die Schottländer seyn, denen diese Anlage keineswegs fehlte, ob man gleich insgemein dafür hält, daß die muntre Laune wenig Eindruck auf sie machte.

Der Capitain antwortete, das sey eine Voraussetzung, die man entweder auf ihre Gespräche, oder auf ihre Schriften gründen müßte, worüber die Engländer unmöglich mit Genauigkeit richten könnten, weil sie den Dialect, den die Schottländer sowohl in ihren Reden als in ihren launigen Schriften brauchten, nicht verstünden. Als ich zu wissen wünschte, was er für launige Schriftsteller meyne, nannte er eine Menge Bücher her, von welchen er behauptete, daß sie so voller Laune wären, als nur irgend ein anderes in einer lebenden oder

tobten

todten Sprache seyn könnte. — Ganz besonders empfahl er eine Sammlung einzelner Gedichte, in zwey kleinen Bänden, betitelt: The Evergreen, und die Werke des Allan Ramsay, welche ich mir zu Edimburg kaufen werde. — Er machte die Anmerkung, ein Schottländer müsse in einer Gesellschaft von Engländern zu seinem Nachtheile erscheinen, weil er in einem Dialect spräche, den sie nicht leiden könnten, und sich solcher Redensarten und Ausdrücke bediente, die sie nicht verstünden. Er fände sich also unter einem Zwange, der ein großer Feind des Witzes und der Laune sey. — Dieses wären Fähigkeiten, die niemals in vollem Glanze erschienen, als wenn das Gemüth völlig frey sey, und wie ein vortrefflicher Schriftsteller sagt, die Ellbogen nach Belieben rühren könnte.

Er fuhr fort seinen Satz zu erklären, daß man in Edimburg besser Englisch spräche, als in London. — Er sagte, was wir gemeinlich den schottischen Dialect zu nennen pflegten, wäre im Grunde wahres, ächtes altes Englisch, mit einer Beymischung von einigen französischen Worten und Ausdrücken, die

die durch den langen Umgang der Schotten mit der französischen Nation wären eingeführt worden. Daß die neuen Engländer durch Affectation und falsches Raffiniren ihre Sprache weichlich gemacht, und sogar dadurch verderbt hätten, daß sie die Gutturalen herausgeworfen, die Pronunciation und Quantität verändert, und manchen kräftigen Ausdruck hätten aus dem Gebrauche kommen, oder verältern laffen. Die Folge von diesen Neuerungen wäre, daß die Werke unsrer Dichter, als Chaucer, Spenser und selbst Shakespear, an verschiedenen Stellen für die gebornen Engländer unverständlich geworden, dahingegen die Schottländer, welche die alte Sprache beybehalten, diese Stelle verstehn, ohne ein Glossarium nöthig zu haben. „Wie zum Exempel, (sagte er,) haben sich Ihre Commentatoren nicht über folgenden Ausdruck in Shakespears Sturm den Kopf zerbrochen; He is gentle, and not fearful; sie haben geglaubt, es wäre ein Paralogismus zu sagen: wer gentle sey, müsse auch natürlicher Weise courageous seyn. Die Wahrheit aber steckt darinn; eine von den ursprüng-

lichen

lichen Bedeutungen, wo nicht die einzige, des Worts Gentle war, edel, hochherzig; und bis auf den heutigen Tag würde sich eine Schottländerinn, unter den Umständen des jungen Frauenzimmers im Schauspiele, fast eben derselben Worte bedienen — Reize ihn nicht! denn er ist gentle; (das heißt, hochherzig,) er wird keine Beleidigung geduldig ertragen. Spenser sagt gleich in der ersten Strophe seiner Fairy Queen:

„A *gentle* knight was pricking on the plain;"

Welcher Kneight nichts weniger als zahm und schüchtern, sondern so unerschrocken tapfer war, daß

„Nothing did he dread, but ever was ydrad."

Zu beweisen, daß wir den Nachdruck unsrer Sprache durch falsches Raffiniren geschwächt hätten, führte er folgende Worte an, deren Bedeutung zwar himmelweit unterschieden ist, die aber völlig auf einerley Art ausgesprochen werden. Wright, write, right, rit. Die Schottländer aber sprechen diese Worte eben so verschiedentlich aus, als sie nach ihrer Bedeutung und Orthographie verschieben sind. Und das ist der Fall mit manchen andern,

andern, die er zur Erklärung seines Satzes anführte. — Ueberdem bemerkte er noch, daß wir, (aus was Ursache? hätte er noch nicht erfahren können,) unsern Selbstlautern einen ganz andern Klang gegeben, als den, welchen die übrigen europäischen Nationen einstimmig beybehalten hätten: eine Veränderung, welche die Sprache für Fremde äußerst schwer, und es dabey fast unmöglich machte, für die Orthographie und Aussprache allgemeine Regeln zu geben. Nicht einmal zu rechnen, daß die Selbstlauter nicht mehr einfache Klänge im Munde eines Engländers blieben, welcher i und u als Doppellaute aussprache. Zuletzt behauptete er, wir mummelten unsre Sprache mit den Lippen und Zähnen, und jagten die Worte ohne Pause oder Absatz dergestalt hinter einander her, daß ein Ausländer, der das Englische ziemlich gut verstünde, oft genöthigt wäre, sich an einen Schottländer zu wenden, um zu erfahren, was ein geborner Engländer in seiner eignen Sprache gesagt hätte.

Onkel Bramble bestätigte diese Bemerkung durch seine eigne Erfahrung; allein er
schrieb

schrieb solche einer andern Ursache zu. — Er sagte, man würde bey allen Sprachen diese Anmerkung machen können. Ein Fremder zu Paris, der der Sprache noch nicht völlig mächtig wäre, würde einen Schweitzer, der Französisch spräche, besser verstehn, als einen Pariser, weil jede Nation ihr eignes Recitativ hätte, und es allemal mehr Mühe, Aufmerksamkeit und Uebung erfodre, beydes Worte und Musik sich geläufig zu machen, als blos die Worte zu lernen; und dennoch würde niemand leugnen wollen, daß Eins ohne das Andre unvollkommen wäre: er dächte also, ein Anfänger verstünde deswegen einen Schottländer und Schweitzer besser, weil solche blos die Worte sprächen, ohne die Musik, die sie nicht nachzumachen wüßten. Man sollte denken, dieser Streich würde den Northbritton abgekühlt haben, allein er that weiter nichts, als daß er seine Laune zum Disputiren noch mehr in Bewegung setzte. — Er sagte, wenn jede Nation ihr eignes Recitativ, oder ihre eigne Musik für die Rede hätte, so hätten die Schotten auch die ihrige, und der Schottländer, dem die

Tonfälle der Engländer noch nicht geläufig wären, würde natürlicher Weise seine eigne brauchen, wenn er ihre Sprache redete; wenn man ihn also besser verstünde, als den gebornen Engländer, so müßte sein Recitativ besser seyn, als das Englische, und folglich hätte der Dialect der Schotten einen Vorzug vor ihrer Mitunterthanen ihren; und dieses sey abermals eine starke Vermuthung für den Satz, daß die neuern Engländer ihre Sprache, im Puncte der Pronunciation verderbt hätten.

Der Lieutenant war nunmehr so polemisch geworden, daß ihm eine Paradoxie aus dem Munde flog, so bald er ihn aufthat, die er denn hernach bis aufs Blut vertheidigte. Allein alle seine Paradoxien schmeckten sehr nach der Partheylichkeit für sein eignes Vaterland. Er unterfing sich's, zu beweisen, daß Armuth ein Glück für eine Nation sey; daß Hafermehl besser sey, als Weitzen-Semmelmehl; und daß der Gottesdienst von Cloacina, in Tempeln, worinn beyderley Geschlechter, und alle die Anbeter, ohne Unterschied des Alters und Standes, durcheinander zugelassen würden,

den, eine einfältige Art von Abgötterey sey, die jeden Begriff von Zucht und Ehrbarkeit beleidige. Ich wunderte mich nicht so sehr darüber, daß er diese Lehren zu Markte brachte, als über die eben so närrischen als sinnreichen Gründe, welche er anführte, um sie zu unterstützen.

Kurz von der Sache zu sprechen, Lieutenant Lismahago ist eine Seltenheit, die ich noch nicht genug beguckt habe; und deshalben wird mirs leid thun, wenn wir seine Gesellschaft verlieren, obgleich der Himmel weis, daß er weder in seinen Manieren noch in seinem Charakter Etwas sehr liebenswürdiges hat. — Da er geradesweges nach dem südwestlichen Theile von Schottland geht, und wir unsre Reise über Berwick nehmen: so werden wir uns morgen an einem Orte, der Felton = bridge heißt, trennen; und ich wage nichts, wenn ich sage, diese Trennung wird unsrer Tante Tabby sehr schmerzhaft seyn, es sey denn, sie habe einige schmeichelhafte Versicherungen des baldigen Wiedersehns erhalten. Wenn mir mein Zweck mißlingt, Sie mit diesen unwichtigen Sächelchen zu unterhal-

ten, ſo muͤſſen Sie ſolche anſehen als eine
Uebung der Geduld, welche Sie zu verban-
ken haben

Ihrem

Morpeth,
den 13ten Julii.

allezeit ergebenen
J. Melford.

An den Doctor Lukas.

Mein lieber Doctor,

Ich habe nunmehr die aͤußerſten noͤrd-
lichen Graͤnzen von England erreicht,
und ſehe dicht' unter meinem Kammerfenſter
die Tweed unter den Bogen der Bruͤcke hin-
fließen, welche dieſe Vorſtadt mit Berwick
zuſammenhaͤngt — Yorkſhire haben Sie
geſehn, und derohalben will ich von dieſer
reichlich geſegneten Provinz nichts ſagen.
Durham hat von ferne das Anſehn eines
unordentlichen Steinhaufens, der zuſam-
mengeſchleppt iſt, einen Berg zu bedecken,
um den ein Strom ſeinen geraͤuſchvollen
Lauf

Lauf nimmt. Seine Straßen sind meistentheils enge, finster und unangenehm, und etliche sind so steil, daß man sie kaum begehn kann. Die Domkirche ist ein großes düstres Gebäude; die Geistlichen aber haben gute Wohnungen. — Der Bischoff lebt auf fürstlichen Fuß — Die goldnen Präbanden führen leckere Tafeln — und, wie man mir gesagt hat, soll man sehr umgängliche Gesellschaften in der Stadt finden; allein das Land umher, wenn man solches von dem Rücken des Gateshead-Fell, der sich bis Newcastle erstreckt, übersieht, zeigt die schönste angebaute Gegend, die ich jemals gesehn habe. Was Newcastle betrifft, das liegt meistentheils in einem Grunde, am Ufer der Tyne, und fällt noch unangenehmer in die Augen, als Durham; indessen ist es durch Handlung und Fleiß reich geworden, und stark bewohnt; und das Land, welches an beyden Seiten des Flusses über der Stadt liegt, giebt einen entzückenden Anblick von Land- und Gartenbau. Morpeth und Alnwick sind artige, reinliche Städtchens, und das letzte ist des Kasteels wegen berühmt, welches so manche

Jahr-

Jahrhunderte durch dem eblen Hause der Piercys, Grafen von Northumberland, zugehört hat. — Es ist sicherlich eine geräumige Festung, welche eine große Anzahl Wohnungen enthält, und auf einer guten Höhe liegt; aber ihre Stärke scheint nicht sowohl in ihrer Lage, oder in der Art, wie sie befestigt ist, bestanden zu haben, als in der Tapferkeit ihrer Vertheidiger.

Unsre Begebenheiten, seitdem wir Scarborough verlassen haben, sind kaum des Erzählens werth; und doch muß ich Sie mit dem guten Fortgange bekannt machen, den meine Schwester Tabby seit ihren verunglückten Versuchen zu Bath und London im Ehmannjagen gemacht hat. Sie hatte wirklich ihre Netze einem Glücksritter aufgestellt, der im Grunde ein Straßenräuber von Profession war; allein er war schon mit viel gefährlichern Schlingen bekannt, als sie ihm legen konnte, und also entkam er. — Hernach öffnete sie ihre Batterien gegen einen alten windbürren schottischen Lieutenant, Namens Lismahago, der in Durham zu uns kam, und wie mich dünkt, einer der sonderbarsten

Men-

Menschen ist, die mir jemals vorgekommen sind. — Seine Manieren sind so uneben, als sein Gesicht; allein seine ganz eigne Denkart, und sein Bündel Wissenschaft, das aus Lappen von Seltenheiten zusammengeschnürt ist, macht, daß man seinen Umgang wünscht, Trotz seiner Pedanterie und widrigen Sprache — Ich habe oft einen sauren Holzapfel in einem Gebüsche gefunden, den ich seines Saftes wegen Lust bekommen habe zu essen, ob er gleich so herbe war, daß er mir den Mund zusammenzog.

Lismahago ist in einem solchen Grade vom Geiste des Widerspruchs besessen, daß ich in meinem Gewissen glaube, er hat mit unermüdeter Aufmerksamkeit herumgestöbert, und gelesen, und studirt, um sich in den Stand zu setzen, allgemeinangenommene Sätze übern Haufen zu stoßen, und solchergestalt seinen polemischen Stolz zu befriedigen, und ihm Trophäen zu errichten. — So herbe ist sein Eigendünkel, daß er nicht einmal ein Compliment unangetastet lassen kann, das man im Vorbey-

Q 4 gehn

gehn seiner Person insbesondre, oder überhaupt seinem Vaterlande macht.

Als ich die Anmerkung machte, er müßte eine Menge Bücher gelesen haben, daß er über so mancherley Gegenstände zu sprechen wüßte, betheuerte er, er habe wenig oder nichts gelesen, und fragte, wer ihm in den amerikanischen Wäldern, wo er den größesten Theil seines Lebens zugebracht, hätte Bücher geben sollen? Als mein Neffe sagte, die Schottländer wären überhaupt wegen ihrer Gelehrsamkeit berühmt, leugnete ers geradezu, und foderte ihn heraus, ihm solches durch ihre Schriften zu beweisen. — „Die Schottländer, (sagte er,) „haben von allem ein wenig gelesen, da„mit haben sie bey Leuten breit gethan, „die noch weniger von den Wissenschaften „verstehn, als sie selbst; aber man kann „von ihnen sagen, daß sie auf der Ober„fläche der Gelehrsamkeit herum schwim„men, und daß sie in den nützlichen „Künsten noch gar nicht weit vorwärts „gekommen sind." — „Zum wenigsten, (rufte Tabby,) „räumts doch alle Welt „ein, daß die Schotten herrliche Thaten
„gethan,

„gethan, im Kriege und bey der Eroberung
„von America." — „Ich kann Sie ver-
„sichern, gnädiges Fräulein, (erwiederte
der Lieutenant,) „man hat Sie falsch be-
„richtet. In diesem Lande haben die
„Schotten bloß ihre Schuldigkeit gethan;
„und ist kein Regiment bey des Königs
„Armee gewesen, das sich mehr hervorge-
„than hätte, als die andern. — Dieje-
„nigen, welche sichs angelegen seyn ließen,
„das vorzügliche Verdienst der Schotten zu
„erheben, waren keine Freunde von dieser
„Nation."

So viele Freyheit er sich auch selbst gegen seine Landsleute herausnimmt; so wenig will ers ungestraft hingehn lassen, daß sie einander nur scheel ansehen. Als jemand von der Gesellschaft von ungefähr Lord B**s unrühmlichen Friedens erwähnte, legte sich der Lieutenant augenblicklich vor Se. Lordschaft in die Krone, und focht mit allen Kräften, zu beweisen, es wäre der rühmlichste und vortheilhafteste Friede, den England nach der Stiftung der Monarchie jemals geschlossen hätte. — Und, unter uns gesagt, er führte darüber solche

Q 5 Grün-

Gründe an, die mich wirklich verwirrten, wo nicht überzeugten. — Er wollte nicht zugeben, daß mehr Schottländer unter der Land- oder Seemacht gebraucht würden, als nach gehörigem Verhältniß seyn sollte; oder daß die Engländer einiges Recht hätten, zu sagen, seine Landsleute wären außerordentlich im Dienste hervorgezogen worden. — „Wenn ein Süd- und ein „Northbritton sich zugleich um eine Stelle „bewerben, welche ein engländischer Mini- „ster oder General zu vergeben hat, so „wäre es wohl einfältig, voraus zu setzen, „daß er dem eingebornen Engländer nicht „den Vorzug geben würde, der so viele „Vortheile vor seinem Mitwerber voraus „hat. — Erstlich und besonders hat er „jene lobenswürdige Partheylichkeit für „sich, welche, wie Addison sagt, einem „Engländer beständig anklebt; zweytens „hat er mächtigere Gönner und mehr An- „theil an dem Einflusse, den das Parla- „ment hat, welches dergleichen strittige „Wahlen gemeiniglich entscheidet; und end- „lich steht ihm mehr Geld zu Gebote, wo- „mit er sich den Weg zu seinen Absichten

„sehr

„ſehr eben bahnen kann. Ich, meiner
„Seits, (fuhr er fort,) kenne keinen
„ſchottländiſchen Officier, der in der Ar-
„mee über die Stufe eines Subalternen
„geſtiegen, ohne daß er jeden höhern Grad
„entweder mit Gelde oder mit Recruten be-
„zahlt hätte; aber manchen Edelmann aus
„dieſem Lande kenne ich wohl, der aus
„Mangel an Gelde oder Gönnern, in dem
„Grade als Lieutenant alt und grau ge-
„worden iſt; wogegen dergleichen Bey-
„ſpiele von widrigem Glücke bey den Ein-
„gebornen von Südbrittannien ſehr ſelten
„ſind. — Damit möchte ich aber nicht
„zu verſtehn geben, als ob meine Lands-
„leute das geringſte Recht hätten, ſich zu
„beſchweren. — Beförderung im Dienſt iſt
„ſo gut, wie das Glück bey jedem andern
„Gewerbe, denen am günſtigſten, die das
„meiſte Geld oder Credit haben, da man
„Verdienſt und Fähigkeit an allen Seiten
„vorausſetzt, gleich zu ſeyn."

Die kühnſten Sätze dieſes Originals
aber waren folgende: — Der Handel
würde über kurz oder lang den Untergang
einer jeden Nation befördern, bey der er

bis

bis zu einer gewissen Ausdehnung blühte; — Das Parlament wäre die faule Stelle an der brittischen Constitution; — Die Preßfreyheit wäre ein Nationalübel; — Und die so gerühmte Institution der Gerichte von Geschwornen, so wie solche in England gehandhabt würde, brächte die schändlichsten Meineide und die offenbarsten Ungerechtigkeiten hervor. Er ließ sich vernehmen, Handel und Wandel sey ein Feind der eblern Leidenschaften der Seele, indem sich solcher auf den Durst nach Gewinn gründe, und auf das niederträchtige Verlangen, von dem Bedürfniß unsrer Nebenmenschen Vortheil zu ziehen. — Er behauptete, die Natur des Handels sey von der Beschaffenheit, daß er sich nicht an einen Ort auf beständig binden lasse, sondern wenn er bis zu einer gewissen Höhe angeflossen, stellte sich alsobald die Ebbe ein, und diese daurete so lange fort, bis die Flüsse fast trocken blieben; und es wäre kein Beyspiel in der Geschichte vorhanden, daß bey einer und derselben Nation die Fluth bis zu einer merklichen Höhe wieder zurück getreten sey. Unterdessen erbräche

der

der durch den Handel erwachsene Zufluß der Mittel alle Schleusen des Luxus, und überschwemmte das Land mit jeder Art von Uebermuth und Zügellosigkeit; darauf müsse ein gänzliches Verderben der Sitten erfolgen, und dieses wäre von Banqueroten und Untergang begleitet. Vom Parlamente sagte er, daß die Kunstgriffe, die Flecken zu kaufen, und um Stimmen zu handeln, ein öffentliches System der Bestecherey wäre, welches auf den Untergang aller Grundsätze von guter Ordnung, von Treue und Redlichkeit erbauet worden, davon die Folge wäre, daß die Wählenden sowohl als der Gewählte, und kurz der ganze Staatskörper vom allgemeinen Verderben angesteckt sey. Er behauptete, daß bey einem auf solche Weise constituirten Parlamente die Krone allemal Einfluß genug behalten würde, sich des Uebergewichts der Stimmen zu versichern, wegen der großen Menge von Posten, Plätzen und Pensionen, die sie zu vergeben hätte; daß ein solches Parlament, (wie es bereits gethan,) die Dauer seiner Sitzungen und seiner Macht verlängern würde, so oft es

der

der Prinz für sich vortheilhaft fände, dieselben Mitglieder in demselben zu behalten; denn sie hätten ohne Zweifel das nämliche Recht, ihre Macht zu ewigen Tagen, als von drey auf sieben Jahre festzusetzen. — Mit einem Parlamente also, das von der Krone abhängig, dem Prinzen ergeben ist, und von einer stehenden Armee unterstützet wird, die zu dem Ende auserlesen und eingerichtet worden, kann ein jeder König von England, und einst wird wahrscheinlicher Weise ein ehrsüchtiger Souverain, alle Bollwerke der Verfassung gänzlich umwerfen; denn man darf nicht voraussetzen, daß ein Prinz von hohem Geiste geduldig zusehen werde, daß man allen seinen Anordnungen widerspreche, und ihn selbst ein unbändiger, zügelloser Haufen Volks schmähe und höhne, wenn er es in seiner Gewalt hat, mit Beystimmung der Gesetzgebenden Macht, allen Widerspruch unter die Füße zu treten. Die Preßfreyheit, sagte er, würde er immer als ein Unglück für die Nation ansehn, so lange sie dem elendesten Wurme die Macht ließe, den Glanz des hellscheinendsten Verdienstes

zu

zu beschmutzen, und dem schändlichen Mordbrenner Mittel an die Hand gäbe, im gemeinen Wesen die Ordnung zu stören und aufzuheben. Er gestund gleichwohl ein, daß sie, unter gehöriger Einschränkung, ein sehr köstliches Privilegium seyn würde; allein dabey behauptete er, es sey kein hinlängliches Gesetz in England vorhanden, solche in gehörigen Schranken zu halten.

Die geschwornen Gerichte betreffend, drückte er sich folgendermaßen aus: — Die zwölf Geschwornen werden gemeiniglich aus dem ungelehrten Haufen genommen, können leicht irren, leicht mißleitet werden, und sind nicht probefest gegen schädlichen Einfluß. Denn kann der Kläger oder der Beklagte nur einen davon durch irgend eine Bestechung gewinnen: so ist er eines günstigen Urtheils gewiß. Dieser bestochne geschworne Mann besteht, Trotz der hellesten Ueberzeugung, auf seinem Sinne, bis seine Collegen vor Verdruß, vor Müdigkeit oder Hunger zu seiner Meynung übertreten, und alsdann ist der Spruch ungerecht, und die Geschwornen alle

alle Meineidig; aber es müssen oft solche Fälle vorkommen, wo die Geschwornen wirklich, obgleich nach irriger Ueberzeugung, in ihren Meynungen getheilt sind. Sie können aber keine Findung abgeben, bis sie einstimmig sind, und sie sind dennoch alle verbunden, nicht allein in ihrem Gewissen, sondern durch einen besondern Eid, nach ihrer besten Ueberzeugung zu urtheilen und zu sprechen. — Was muß daraus folgen? — Sie müssen entweder alle miteinander verhungern und verdursten, oder eine Seite muß ihr Gewissen ihrem Magen Preis geben, und in eine Findung stimmen, welche sie für ungerecht hält. Dieser Ungereimtheit ist in Schweden dadurch vorgebeugt, daß die bloße Mehrheit der Stimmen entscheidet, und in Schottland, daß zwey Drittel der Stimmen ein Urtheil gültig machen.

Sie müssen sich nicht einbilden, daß er alles dieses ruhig vortragen konnte, ohne daß ich ihm widersprochen hätte — Nein, denn, die Wahrheit zu sagen, däuchte mich, meine Ehre litte darunter, daß er sich einbildete, so viel weiser zu seyn, als seine Nach-

Nachbaren. Ich bezweifelte alle seine Sätze, suchte unzählige Einwürfe hervor, disputirte und balgte mit ungemeiner Hartnäckigkeit mit ihm herum, und ward bey dem Streite warm, ja sogar heftig. — Zuweilen kam er ins Gedränge, und ein oder zweymal, denke ich, war er rein zu Boden geschlagen; allein er richtete sich von einem solchen Falle wie ein zweyter Antäus mit verdoppelten Kräften wieder auf, bis ich endlich ermüdet und ermattet wurde, und wirklich nicht mehr wußte, was ich anfangen sollte, als ihm glücklicherweise ein paar Worte entfielen, wodurch er sich merken ließ, daß er die Rechte studirt habe; ein Geständniß, welches mir Raum gab, mich mit guter Art aus dem Handel zu ziehn, da man nicht verlangen konnte, daß ein Mann, wie ich, der gar Nichts studirt hat, vermögend seyn sollte, mit einem Meister in seiner Kunst sich herum zu tummeln. Indessen glaube ich doch, daß mein Nachdenken noch manche Anmerkung dieses Originals lange wiederkäuen wird.

Ob unsre Schwester Tabitha wirklich von seinem Umgange eingenommen, oder entschlossen ist, nach jedem Dinge so lange auszuwerfen, das die Gestalt eines Mannes hat, bis sie die Ehestandsschlinge zuziehn kann, weis ich nicht; aber das ist zuverläßig, daß sie ungeheure Schritte auf Lismahagos Neigung zu gethan hat, von dem man nicht sagen kann, daß er ihr auf halbem Wege entgegen gekommen, ob er gleich gegen ihre Höflichkeiten nicht ganz unfühlbar zu seyn scheint. — Sie ließ sichs mehr als einmal merken, wie glücklich wir seyn würden, seine Gesellschaft durch den Theil von Schottland zu genießen, den wir willens waren zu besuchen, bis er ihr endlich ganz deutlich sagte, sein Weg läge ganz verschieden von demjenigen, den wir zu nehmen gedächten; zudem würde seine Gesellschaft uns wenig zu statten kommen, da er das Land gar nicht kenne, weil er es in der frühesten Jugend verlassen hätte, und uns also in keinem Puncte Anleitung geben, noch mit irgend einer ansehnlichen Familie bekannt machen könnte. Er sagte, er würde von

einem

einem unwiderstehlichen Hange getrieben, seinen väterlichen Heerd wieder zu sehn, ob er gleich wenig Vergnügen zu erwarten hätte, um so mehr, da er gehört, daß sein Neffe, der gegenwärtige Besitzer, eben nicht der Mann sey, die Ehre der Familie zu behaupten. Er gab uns gleichwohl die Versicherung, da wir Vorhabens sind, durch den westlichen Weg zurückzukehren, daß er sich bemühen würde, uns zu Dumfries sein Compliment zu machen. — Sonach nahm er an einem Orte auf halbem Wege zwischen Morpeth und Alnwick von uns Abschied, und trabte in vollem Prunke dahin, auf einem hohen, dürren, spitzknochigen, grauen Schlachtergaul, der keinen Zahn mehr im Maule hatte, ein wahres Gegenbild seines Reiters; und in der That war der Anblick von beyden so malerisch, daß ich zwanzig Guineen geben möchte, wenn sie mir jemand nur einigermaßen getroffen auf die Leinwand bringen könnte.

Northumberland ist eine schöne Gegend, die sich bis an die Tweed, einem lieblichen arkadischen Strome, erstreckt; Sie werden sich aber wundern, wenn ich Ihnen erzähle, daß die Seite dieses Ufers nach Engeland, weder so gut angebauet noch bevölkert ist, als die andre. Die Pachthöfe sind dünne gesäet, die Felder nicht einmal befriedigt, und kaum sieht man auf einige Meilen von der Tweed einen Edelhof. Hingegen von der schottischen Seite stehn sie haufenweiß bis an das Ufer des Flusses, so daß Sie in einem kleinen Umfange über dreißig gute Edelhäuser zählen können, welche solchen Figuren gehören, deren Vorältern in derselben Gegend feste Schlösser besaßen; ein Umstand, welcher beweiset, was für schädliche Nachbarn ehedem die Schottländer den nördlichen Landschaften von England gewesen seyn müssen.

Unsre Haushaltung geht noch so immer ihren alten Gang. — Meine Schwester Tabby hängt noch an der Pietisterey, und hat zu Newcastle die Wohlthat genossen, in Wesleys Versammlung eine Predigt zu hören; allein ich glaube, die Leidenschaft der Liebe hat wohl dem Eifer der Andacht ein wenig Abbruch gethan, sowohl bey ihr,

ihr, als bey ihrem Mägdchen, der Jenkins, um deren Gunst ein gewaltiger Streit zwischen meines Neffen Valet, Dutton, und meinem Bedienten, Humphry Klinker, entstanden ist. — Jeronimus hat sich genöthigt gesehn, sein Ansehn zu gebrauchen, um Frieden zu erhalten; und ihm habe ich die Entscheidung dieser wichtigen Affaire überlassen, die beynahe die Flammen der Zwietracht entzündet hätte, unter den Angehörigen

Ihres

Tweedmouth,
den 15ten Julii.

allzeit beständigen
M. Bramble.

An Sir Watkin Philipps, im alten Jesuitercollegio zu Oxford.

Lieber Watt,

In meiner beyden Letzten haben Sie so viel von Lismahago gehabt, daß ich denke, Sie sind froh, wenn er einmal vom Theater abgetreten ist. — Ich muß mich nun zu häuslichen Vorfällen herunterlassen. — Amor, scheint es, hat beschlossen, seine Gewalt über alle Weiblein in unsrer Haushaltung zu behaupten. — Nachdem er um das Herz der armen Libby herumgeschlichen, und mit unsrer Tante Tabitha seltsame Sprünge gemacht hatte, fieng er seine muthwilligen Händel in dem Herzen ihrer Putzjungfer, Winifred Jenkins, an, welcher zu erwähnen ich in dem Laufe unsrer Memoires schon oft Gelegenheit gehabt habe. Die Natur bestimmte die Jenkins zu etwas sehr verschiedenem von dem Charakter ihrer Gebieterinn. Gewohnheit und Nachahmung aber haben in vielen Stücken eine bewundernswürdige Gleichheit zwischen beyden

den hervorgebracht. Winy ist allerdings viel jünger, und weit angenehmer von Person; sie ist auch weichherzig und mitleidig; Eigenschaften, die man an ihrer Gebieterinn nicht vorwalten sieht, so wenig als sie furchtsam von Gemüth, oder den Mutterbeschwerungen unterworfen ist, welches Schwachheiten der Jenkins sind; aber dafür scheint sie Tabbys Manier mit ihren abgelegten Kleidern angezogen zu haben. — Sie kleidet sich wie sie, und bestrebt sich, ihr Gesicht in eben solche Falten zu legen, obgleich ihr natürliches Gesicht viel angenehmer ist. — Sie folgt ihrem Plane der Haushaltung, lernt ihre Redensarten, wiederholt ihre Anmerkungen, ahmt ihren Styl nach, wenn sie mit dem niedrigern Gesinde schilt, und endlich folgt sie blindlings dem Systeme ihrer Frömmeley. — Dieses ward ihr freylich wohl um desto leichter, da es durch Klinkers Hülfe eingeführt und bestätigt ward, dessen persönliches Verdienst ihr von demselben Tage an in die Augen gestochen zu haben scheint, da er ihr vor Marlborough ein Pröbchen von seiner nackten Haut, weiß wie Alabaster, sehen ließ.

Ungeachtet indessen, daß Humphry ihr Herz an diesen beyden Seiten gefaßt hatte, und sein möglichstes that, seine Eroberung zu behaupten, so fand ers doch unmöglich, solches an der eiteln Seite zu bewachen, an welcher die arme Winy so schwach war, als irgend ein weibliches Geschöpf in der ganzen Welt. Kurz, mein Schurke vom Kerl, Dutton, warf sich zu ihrem Anbeter auf, und durch seine vielen in der Fremde gelernten Kunstgriffe, hob er seinen Nebenbuhler Klinker aus dem Sattel ihres Herzens. Man könnte Humphry mit einem engländischen Pudding vergleichen, der aus guten gesunden Mehl und Fett besteht, und Dutton mit einem gefrornen Schneemus, welches zwar angenehm auf der Zunge ist, aber weder etwas in den Magen bringt, noch Nahrung giebt. Der Verräther blendete ihr nicht nur die Augen mit seinem vor alt gekauften Flitterstaate, sondern schmeichelte ihr, seufzete und kroch um sie herum, — lehrte sie ein Priesgen nehmen, schenkte ihr eine Tabacksdose von Papier maché — schaffte ihr Pulver für ihre Zähne — half der Farbe ihrer Wangen

gen nach), und frisierte ihre Haare à la façon de Paris — bot ihr an, ihr Sprachmeister zu seyn, und Tanzmeister, so gut als ihr Friseur, und dergestalt schlich er sich unvermerkt in ihre Gunst ein. Klinker beobachtete die Schritte, die er gewann, und härmte sich darüber im Stillen. — Er versuchte es, ihr durch Vermahnungen die Augen zu öffnen, da er aber fand, daß das nichts fruchten wollte, nahm er seine Zuflucht zum Gebete. Unterdessen daß er zu Newcastle Tante Tabby zur Methodistenversammlung begleitete, führte sein Nebenbuhler die Jenkins nach der Comödie. Er hatte einen seidenen Rock angezogen, der zu Paris für seinen vorigen Herrn gemacht worden, und darunter eine verschossene Weste von bunten Brocad; trug einen großen Haarbeutel mit einer breiten Halsschleife, und hatte einen langen Degen an die Hüften gehängt. Seine Dame strotzte in verbleichten Taffent, aufgewaschener Gaze, und dreymal aufgeschwefelten Bändern; die Frisur ihres Kopfs fiel aber am stärksten in die Augen, welche sich gleich einer Piramide bis zu einer Höhe von sieben

R 5 guter

guter Zoll über der Hirnpfanne erhob, und ihr Gesicht war vom Kinn bis über die Augen bemahlt und beschönpflästert. Auch der Herr Gallan selbst hatte weder rothe noch weisse Schminke gespart, seine eigne Gesichtsfarbe zu heben. In diesem Aufputze wandelte sie durch die Hauptgasse nach dem Theater zu, und da man sie für Comödianten hielt, die sich zu Hause fertig zum Auftritt angekleidet hätten, ließ man sie ungehindert ihres Weges gehn; allein da es noch hell war, da sie wieder zurück kamen, und unter der Zeit der Comödie das Volk von ihrem wahren Stande Nachricht bekommen hatte, so zischete und pfiff man sie auf dem ganzen Wege aus. Jenkins ward mit Gassenkoth beworfen, und dazu für das geschminkte Aas Isebel gescholten, so daß sie vor Furcht und Schaam ihre hysterischen Zufälle bekam, sobald sie ins Haus trat.

Klinker war so böse auf Dutton, den er als die Ursache ihres Schimpfes ansah, daß er ihm bittre Vorwürfe darüber machte, daß er dem armen Mädchen den Kopf verrückt hätte. Der Andre stellte sich, als ob

ob er ihni mit Verachtung begegne, und indem er seine Gelassenheit für Feigheit nahm, drohete er, ihn mit der Karbatsche brav durchzugärben. Humphry kam also zu mir, und bat mich sehr demüthig, ich möchte ihm doch erlauben, meinen Bedienten für seinen Uebermuth zu züchtigen —
„Er hat mich auf den Degen herausgefo-
„dert, (sagte er,) aber es wäre eben so
„viel, als wenn ich ihn herausfoderte, er
„sollte ein Hufeisen oder eine Pflugschaar
„schmieden; denn ich versteh vom Einen so
„viel, als er vom Andern — Und denn
„so schickt sich's auch nicht einmal für Be-
„diente, den Degen zu ziehn, oder sich das
„Recht anzumaßen, einander todt zu stechen,
„wenn sie einmal in Streit gerathen; und
„darzu möchte ich sein Blut nicht auf mei-
„ner Seele haben, wenn ich auch durch
„seinen Tod noch so vergnügt und glücklich
„werden könnte; aber wenn Ew. Gnaden
„es nicht übel nehmen wollen, so will ich
„ihn wohl ein wenig trocken auswaschen,
„und das kann ihm vielleicht gut thun;
„und ich will mich schon vorsehn, daß ich'n
„nichts zu leide thue." Ich sagte ihm,

meint-

meintwegen möchte er, wenn ers so einzuleiten wüßte, daß er nicht für den Anfänger gehalten werden könnte, wenn ihn etwa Dutton nachher gerichtlich belangen wollte.

Mit dieser Erlaubniß zog er ab; und denselben Abend brachte er seinen Nebenbuhler leicht dahin, daß er den ersten Schlag that, welchen Klinker so reichlich wieder bezahlte, daß er sich genöthigt sah, um Quartier zu bitten, zugleich aber fluchte, er wollte grausame und blutige Rache dafür nehmen, sobald wir nur über die Gränze gekommen wären, wo er ihn ohne Furcht vor den Folgen den Degen durch den Leib rennen könnte. — Dieser Auftritt fiel in des Lieutenants Lismahago Gegenwart vor, der Klinkern zuredete, er sollte einen Gang auf kaltes Eisen mit seinem Gegner wagen. „Kalt Eisen, (sagte Klinker,) werde ich niemals gegens Leben eines Menschen brauchen; aber ich fürchte mich so wenig vor seinem kalten Eisen, daß er nur damit kommen kann, ich will mich nur mit einem guten Prügel wehren, der ist immer bey der Hand, wenn er Lust hat."

Unter-

Unterdessen schien die schöne Ursach dieses Zwistes, Win Jenkins, unter der Last ihrer Betrübniß zu vergehen, und Klinker betrug sich ziemlich kaltsinnig gegen sie, ob ers gleich nicht wagte, ihr Vorwürfe über ihre Aufführung zu machen.

Der Zank zwischen den beyden Nebenbuhlern erreichte sehr bald auf eine sehr unerwartete Art seine Endschaft. Unter den Leuten, die mit uns zu Berwick in einem Wirthshause logirten, war ein Paar von London, auf dem Wege nach Edimburg begriffen. Das Frauenzimmer war die Tochter und Erbinn eines ehrwürdigen Mannes, der auf Pfänder liehe, welcher es beliebt, ihren Vormündern die Fersen zuzukehren, und sich unter die Curatele eines langen Irrländers zu begeben, welcher sie so weit her begleitet hatte, um einen Geistlichen zu finden, der ohne die vielen in England erforderlichen Formalitäten den Eheseegen über sie sprechen wollte. Ich weis nicht, wie es der Herr Bräutigam unterwegs mußte angefangen haben, daß er in dem zärtlichen Herzen seiner Inamorata so viel Raum verloren hatte; aber, nach
aller

aller Wahrscheinlichkeit spürte Dutton eine Kaltsinnigkeit an ihrer Seite, welches ihm Muth machte, ganz leise zu sagen, es wäre doch Schade, daß sie ihre Neigung auf einen Schneider geworfen hätte, wie er behauptete, daß der Irrländer wäre. Diese Entdeckung zog ihr Herz völlig von ihm ab, welches sich mein Kerl zu nutze machte, und anfieng, sich ihrer Gunst bestens zu empfehlen; und der glattzüngige Bube fand es nicht schwer, sich in ihr Herz einzuschleichen, aus welchem er den Andern verdrungen hatte. — Ihr Entschluß war den Augenblick gefaßt. — An einem Morgen, vor Tage, da der arme Irrländer noch in seinem Bette schnarchte, hatte sein unermüdeter Nebenbuhler eine Postchaise bestellt, und fuhr mit der Braut nach Coldstream, ein paar Stunden jenseits der Tweed, wo ein Geistlicher wohnte, der den kostbaren Ehesegen feil hatte, und ihr Knoten war geschürzt, ehe dem alten Bräutigam nur davon hätte träumen können. Als er aber des Morgens um sechs Uhr aufstund, und fand, daß der Vogel ausgeflogen war, machte er einen solchen Lärmen, der das ganze

ganze Haus in Aufruhr brachte. Die erste Person, die ihm in den Wurf kam, war der Postillion, der von Coldstream zurück-gekommen und ein Zeuge bey der Trauung gewesen war, und über ein recht gutes Trinkgeld auch noch ein Brautband bekommen hatte, das er nun an seinem Huthe trug. — Als der verlaßne Coridon vernahm, daß sie wirklich getrauet wären, und sich auf den Weg nach London gemacht hätten; und daß Dutton der Schönen entdeckt hätte, er (der Irrländer) sey ein Schneider, wäre er fast von Sinnen gekommen. Er riß dem Kerl das Band vom Huthe, und schlug ihm damit um die Ohren. Er schwur, er wolle ihn bis an die Thore der Hölle verfolgen, und befahl, man sollte so bald als möglich vier Pferde vor eine Postchaise spannen lassen; allein, als er sich besann, daß sein Beutel diese Art zu reisen nicht erlauben würde, sah er sich genöthigt, diesen Befehl zurückzunehmen.

Ich wußte von allem was vorgieng nicht ein Wort, bis mir der Postillion die Schlüssel zu meinem Koffre und Mantelsack brach-

brachte, die er von Dutton empfangen, der mir seinen Respect vermelden und sagen ließ, er hoffe, ich würde seine plötzliche Abreise entschuldigen, da es ein Schritt wäre, von dem sein Glück abhienge. — Noch ehe ich Zeit hatte, meinem Onkel von der Begebenheit Nachricht zu geben, platzte der Irrländer, ohne sich anmelden zu lassen, in meine Kammer, und schrie: „Bey meiner „Seele, Ihr Bedienter hat mir fünf tau„send Pfund gestohlen, und ich will Satis„faction haben, und sollte ich auch morgen „gehängt werden." — Als ich ihn fragte, wer er wäre, sagte er: „Mein Name ist „Master Macloughlin, er sollte aber Leigh„lin Oneale heißen, denn ich stamme von „Ter-Owen den Großen her; und also bin „ich ein so guter Edelmann, als einer in „ganz Irrland; und der Spitzbube, Ihr „Bedienter, hat gesagt, ich wäre ein „Schneider, und das war so eine erstunkne „Lüge, als wenn er gesagt hätte, ich wäre „der Pabst — Ich bin ein Mann von „Vermögen, und habe alles ausgegeben, „was ich gehabt; und als ich nun verlegen „war, da zog ich zu Herrn Cosgrave, des „Königs

„Königs Leibschneider in Huffolkstreed ins
„Haus, und der machte mich zu seinen Pri-
„vatsecretarius; bey dem Wahrzeichen, daß
„ich noch der Letzte gewesen bin, den er los-
„bürgte; denn seine Freunde machtens so
„mit ihm, daß er sichs verhieß, er wollte
„keine Christenseele mehr losbürgen, wenns
„über zehn Pfund wäre; denn sehn Sie,
„er war so gut, er konnte niemand was
„abschlagen, und so hätte er sich endlich
„ganz nackt bürgen können; und wenn das
„Leben noch länger so fort gewährt hätte,
„so hätte er bald als Banquerott sterben
„müssen. — Und so verliebte ich mich in
„Miß Skinner, eine Mamsell mit fünf
„tausend Pfund hübsch Geld, und die ward
„einig, mich zu nehmen, wie ich war; und
„heute diesen Tag wäre ich zum Besitz ge-
„langt, wäre der Gaudieb nicht gewesen,
„Ihr Bedienter, der wie ein Dieb gekom-
„men ist, und hat mir das Meinige gestoh-
„len, und machte ihr weis, ich wäre ein
„Schneider; und daß ich nur ein viertel
„Mann wäre, den sie heyrathen wollte.
„Aber der Teufel verbrenne meine arme
„Seele, krieg ich ihn nur einmal in die

Abent. Reis. II. Th.   S   „Ge-

„Gebirge von Tulloghobegly, wenn ich ihm „nicht weisen will, daß ich viermal ein so „guter Mann bin, als er, oder sonst eine „Wandlaus aus seinem Lande."

Als er seine erste Angst vom Herzen weggesprochen hatte, sagte ich ihm, es thäte mir leid, daß er nicht besser gegen den Streich auf seiner Hut gewesen; allein ich könne nichts davor; und daß der Kerl, der mit seiner Braut durchgegangen sey, mir auch meinen Bedienten gestohlen habe — „Habe ichs Ihnen denn nicht gesagt, (schrie er,) „daß Gaudieb sein rechter Taufname „ist — O könnt ich ihn nur einmal so „heraus auf den Platz vor die Klinge krie-„gen, so sollte er all sein Lebstage nicht „mehr großprahlen."

Onkel, der das Schreyen hörte, kam herein, und als er die Begebenheit vernommen, fieng er an, den Herrn Oneale über die Flucht seiner Braut zu trösten; und sagte, ihn däuchte, er habe von Glück zu sagen; es wäre doch besser, sie sey vor der Trauung von ihm gelaufen, als nachher — Der Irrländer war aber ganz andrer Meynung. Er sagte: „Wäre sie nur erst meine „Frau

„Frau gewesen, so hätte sie laufen mögen,
„so bald sie gewollt; ich wollte schon zuge-
„sehn haben, daß sie's Geld nicht hätte
„mitkriegen sollen — Ach, sie ist ein Ju-
„das Jschariot, und hat mich verrathen mit
„einem Kuß; und eben wie Judas hatte sie
„den Geldbeutel, und hat ihn mitgenom-
„men, und hat mir nicht so viel Geld ge-
„lassen, daß ich wieder nach London kom-
„men kann. Und da ich doch einmal so
„herunter gekommen bin, und der Spitz-
„bube, der Schuld daran ist, Sie ohne
„einen Aufwärter gelassen hat, so können
„Sie mir wohl seine Stelle geben; und
„beym heiligen Sanct Patrick, Sie können
„kein beßres Werk thun." Ich bat ihn,
er möchte mich entschuldigen, und versicherte ihn, ich wollte mir lieber alle Unbequemlichkeiten gefallen lassen, als einem
Nachkommen von Ter-Owen dem Großen
als Bedienten begegnen. Ich rieth ihm,
er möchte sich wieder zu seinem Freunde,
Herrn Cosgrave, begeben, und von Newcastle ab zu Wasser gehn, wozu ich ihm
einen kleinen Reisepfennig schenkte; und er
zog ab, und schien sich ziemlich in sein Un-

glück zu finden. Ich habe einen Schottländer auf die Probe genommen, mit Namen Archy M'Alpin, einen Kerl, der lange unter einem Regimente gedient hat, und dessen letzter Herr, ein Oberster, kürzlich zu Berwick gestorben ist; der Kerl ist alt und grau; allein Frau Humphrys, eine gute Art von Frau, die Gastwirthinn zu Tweedmouth, von der alle Reisende, die dieses Weges kommen, mit vielem Lobe sprechen, hat ihn mir seiner Treue wegen empfohlen.

Klinker muß sich ohne Zweifel glücklich schätzen, daß er eines gefährlichen Nebenbuhlers los ist, und er ist ein zu guter Christ, um Dutton sein Glück nicht zu gönnen. Sogar die Jenkins wird Ursache haben, sich über diesen Zufall Glück zu wünschen, wenn sie die Sache mit kaltem Blute überlegt. Denn ob sie gleich auf eine Zeitlang in die Netze fallen mußte, die ihrer Eitelkeit gelegt waren, so ist doch Humphry gewiß der Polarstern, zu dem sich die Nadel ihrer Gewogenheit mit der Länge der Zeit wieder gekehrt haben würde. Für itzt ist eben diese Eitelkeit entsetzlich gedemüthigt,

thigt, da sie sich von ihrem neuen Anbeter einer andern Geliebten wegen verlassen sieht. Sie hörte die Zeitung mit einem heftigen Anfalle von Lachen, auf den sehr bald ein Thränenschauer folgte; und das stieß der Gedulb ihrer Gebietherinn völlig den Boden aus, welche bis dahin über alle Erwartung groß gewesen war. Sie öffnete nunmehr alle Schleusen der Vorwürfe, welche so lange verschlossen gewesen waren und gesammlet hatten. Sie schalt sie nicht allein wegen ihres Leichtsinns und ihrer Unbesonnenheit, sondern griff auch selbst ihre Religion an, und erklärte sie rund weg für eine aus der Gnade gefallene gottlose Sünderinn; und beschloß damit, daß sie sie, hier von der Gränze des Reichs, mit geschnürten Bündel nach Hause schicken wollte. Wir alle mit einander baten für die arme Winy, den verachteten Pastor Fido, Humphry Klinker, nicht ausgenommen, der auf seinen Knieen um ihre Begnadigung bat, und sie erhielt.

Es äußerte sich indessen eine andre Betrachtung, die Tante Tabby unruhig machte. Zu Newcastle hatte ein loser Zeisig den

den Bedienten weis gemacht, in Schottland fände man nichts anders zu essen, als
Habergrütze und Hammelköpfe; und als
man den Lieutenant Lismahago um Rath
gefragt, hatte das, was er darauf gesagt,
die Nachricht mehr bestätigt als widerlegt.
Als Tante von diesem Umstande Nachricht
erhalten hatte, rieth sie ihrem Bruder sehr
ernsthaft, er möchte sich ein Packpferd an-
schaffen, damit man Schinken, geräucherte
Zungen, Brodt, Zwieback und dergleichen
nießbare Sachen mit auf die Reise nehmen
könne, und Onkel Bramble antwortete
eben so ernsthaft, er wolle es in Ueberlegung ziehn; als sie aber fand, daß an dergleichen Einkauf nicht gedacht worden, so
kam sie mit dem Vorschlage von neuem hervor, mit dem Zusatze, es wäre zu Berwick
ein ziemlich guter Markt, worauf man ein-
kaufen, und Duttons Pferd damit bepacken
könnte. — Der 'Squire zuckte die Achseln, sah sie eine Zeitlang von der Seite
an, mit einem Blicke voll unsäglicher Verachtung, und sagte nach einigem Stillschweigen: „Schwester, soll ichs denn
„wirklich glauben, daß es dein Ernst ist?"

Sie

Sie war mit der brittiſchen Geographie ſo wenig bekannt, daß ſie meynte, wir könnten nicht anders nach Schottland kommen, als zur See; und nachdem wir durch Berwick gefahren, und er ihr ſagte, wir wären nunmehr auf ſchottiſchen Grund und Boden, konnte ſie es kaum glauben. — Die reine Wahrheit zu geſtehn, ſo ſind die meiſten Subbrittannier in dieſem Artikel herzlich unwiſſend. Sie denken, Schottland ſey der Mühe nicht werth, zu ſehn; und außer einigen Spöttereyen, die ſich noch von dem alten Haſſe herſchreiben, wiſſen ſie von dieſem Reiche eben ſo wenig, als vom japaniſchen Kaiſerthum.

Wäre ich niemals in Wáles geweſen, ſo würde mir der merkliche Unterſchied unter den Bauren und gemeinen Landleuten an den entgegengeſetzten Ufern der Tweed noch mehr aufgefallen ſeyn. Die Northumberländer Bauern ſind ſtarke Kerle, von friſcher Geſichtsfarbe, reinlich und gut gekleidet; die ſchottiſchen Landleute hingegen ſind gröſſeſtentheils träge, hager, bleich, knöchern von Geſicht, ſchmutzig und zerlumpt, und ihre kleinen aufgekrempten

blaue

blaue Kappen geben ihnen ein bettlerisches Ansehn. Das Zugvieh entspricht der Gestalt seiner Treiber, mager, klein, und schlecht im Geschirre. Als ich hierüber mit meinem Onkel sprach, sagte er: „Ob gleich „alle schottische Feldtagelöhner die Ver„gleichung mit den Bauern in den reichen „Grafschaften von England nicht aushalten „können: so kann man sie doch sehr gut „gegen die Landleute in Frankreich, Italien „und Savoyen aufstellen — Der Berg„bauren in Wáles und der irrländischen Bar„füßler nicht einmal zu erwähnen."

Wir fuhren an der schottländischen Gränze über eine fürchterliche Haide von fast sechs deutschen Meilen, welche für die innern Theile des Königreichs sehr wenig verspricht; allein die Aussichten wurden besser, so wie wir weiter kamen. Durch Dunbar, welches eine hübsche kleine Stadt an der Seite der See ist, fuhren wir gerade durch, und blieben in einem Wirthshause auf dem Lande, wo wir viel besser bewirthet wurden, als wir erwarteten; doch dieß kann man wohl nicht den Schottländern zu gute schreiben, weil der Wirth
ein

ein gebohrner Engländer ist. Gestern Mittag aßen wir zu Haddington, welches ehedem ein ansehnlicher Ort war, nunmehr aber in Verfall gerathen ist; und des Abends langten wir in dieser Hauptstadt an, von der ich noch sehr wenig sagen kann. Ihre Lage an der Anhöhe eines Hügels ist sehr romantisch, auf der Spitze desselben steht ein befestigtes Kasteel, und ein königlicher Pallast im Grunde. Das Erste, was einem Fremden in die Nase fällt, soll namenlos bleiben; was ihm aber zuerst in die Augen fällt, ist die übermäßige Höhe der Häuser. Die meisten haben fünf, sechs, sieben und acht Stockwerke, und in einigen Gassen, (wie man mir gesagt hat,) gehts gar bis zwölfe. Diese Bauart, welche so viele Unbequemlichkeiten verursacht, muß ursprünglich der Mangel des Raums eingeführt haben. So viel ist gewiß, die Stadt scheint voller Leute zu seyn: aber ihre Gesichter, ihre Sprache und ihre Gebräuche sind so verschieden von den unsrigen, daß ich kaum glauben kann, ich sey noch in Großbritannien.

Der Gasthof, in welchem wir abstiegen, (wenn man ihn so nennen darf,) war so unreinlich, und in allem Betracht so unangenehm, daß mein Onkel anfieng, mürrisch zu werden, und sein Podagra kommen sah. — Indessen besann er sich, daß er ein Empfehlungsschreiben an einen Advokaten, Herrn Mitchelson, bey sich hatte, und schickte es durch seinen Bedienten hin, mit einem Compliment des Inhalts, daß er ihm morgen persönlich aufwarten wolle; dieser Herr aber besuchte uns augenblicklich, und drang darauf, daß wir nach seinem Hause kommen möchten, bis er bequeme Zimmer für uns ausgefunden hätte. Wir nahmen seine Einladung mit Freuden an, und verfügten uns nach seinem Hause, woselbst wir sehr gut und gastfrey aufgenommen und bewirthet wurden, zur großen Beschämung unsrer Tante, deren Vorurtheile sich zwar zu legen anfiengen, aber doch noch nicht gänzlich weggeräumt waren. Heute haben wir durch Hülfe unsers Freundes recht artige Zimmer bezogen, vier Treppen hoch in der Hauptstraße; denn hier in der Stadt wird der vierte Stock für vornehmer

nehmer gehalten, als der Erste. Die Luft
ist hier wahrscheinlicher Weise besser, erfodert aber gute Lungen, sie hier in der Höhe
über der Erde zu athmen. — So lange
ich über derselben bin, höher oder niedriger,
wenn ich nur athme, werde ich beständig
verbleiben,
   mein liebster Philipps,
       Ihr
Edimburg,
den 18ten Junii.
       ganz ergebner
       J. Melford.

An den Doctor Lukas.

Lieber Lukas,

Der Theil von Schottland um Berwick
 herum, scheint von der Natur bestimmt zu seyn, zwey feindliche Nationen
von einander abzuhalten. Es ist eine
traurige Wüste von ziemlichem Umfange,
die nichts hervorbringt, als Haide und
Pfarrenkraut, und was sie noch graun-
        voller

voller machte, als wir durchreiseten, war ein dicker Nebel, vor dem wir nicht über zwanzig Ellen vom Wagen wegsehen konnten — Meine Schwester begann saure Gesichter zu ziehn, und ihr Riechfläschgen zu gebrauchen. Libby sah ganz weiß, und Jenkins ängstlich aus; in ein paar Stunden aber waren diese Wolken verzogen; zu unsrer Rechten erschien die See, und zur Linken entfernten sich die Gebirge ein wenig, und ließen eine angenehme Fläche zwischen sich und dem Strande; was uns aber alle Wunder nahm, war, daß diese Fläche, so weit man absehn konnte, voll Waitzen stund, so schön, als ich ihn jemals in der fruchtbarsten Gegend von England gesehn habe. — Diese schöne Saat steht im offnen Felde, ohne alle Befriedigung, und bekömmt keinen andern Dünger als alga Marina, oder Meergras, welches an dieser Küste häufig wächst; ein Umstand, welcher beweiset, daß Boden und Clima günstig sind; daß aber die Landwirthschaft hiesigen Orts noch nicht zu der Vollkommenheit gebracht worden, die sie in England erreicht hat. Eine Befriedigung von Graben und

Hecken-

Hecken würde nicht allein den Boden warm halten, und die Aecker deutlich unterscheiden, sondern auch die Saat vor den starken Winden schützen, welche in dieser Gegend der Insel so häufig wehen.

Dunbar liegt sehr gut zum Handel, und hat einen artigen Hafen, worinn nicht zu schwere Schiffe sicher liegen können. Indessen scheint doch die Stadt nicht viele Geschäffte zu machen. Von hier aus, den ganzen Weg lang bis nach Edimburg, sieht man eine Kette von schönen Landhäusern, welche Adelichen und andern begüterten Leuten zugehören; und da ein jedes mit seinem eignen Wäldchen und Wirthschaftsgebäuden umgeben ist, so geben solche einen schönen Anblick, in einem Lande, welches übrigens offen und frey liegt. Zu Dunbar ist ein schöner Thiergarten mit einem Jagdhause, woselbst Oliver Cromwell sein Hauptquartier hatte, als Lesly an der Spitze der schottischen Armee sich auf die benachbarten Gebirge setzte, und ihn dergestalt ängstigte, daß er genöthigt gewesen seyn würde, sich einzuschiffen, und zu Wasser zurückzukehren, hätte nicht der Fanatismus seiner Feinde die

Vor-

Vortheile vernichtet, welche sie durch die kluge Anführung ihres Generals gewonnen hatten. Ihre Geistlichkeit reizte sie durch Vermahnungen, Bitten, Zuversichtlichkeit und Prophezeihungen, von den Gebirgen herunter zu gehn, ungeachtet alles dessen, was Lesly thun konnte, der Raserey ihres Enthusiasmus zu steuren. — Als sie Cromwell in Bewegung sah, rufte er aus: „Ge„lobt sey der Herr! er hat sie in die Hand „seines Knechtes gegeben," und befahl seinen Truppen einen Dankpsalm zu singen, unterdessen daß sie in Ordnung auf die Ebne vorrückten, auf welcher die Schottländer mit großem Verluste geschlagen wurden.

In der Nachbarschaft von Habbington ist ein Edelguth; das Haus darauf zu bauen, und die Verbesserungen, die er umher vorgenommen hat, sollen dem Eigner, wie man sagt, vierzig tausend Pfund Sterling gekostet haben, und bey alledem kann ich nicht sagen, daß mir die Bauart des Hauses oder die Lage sonderlich gefallen hätte; ob es gleich vorne einen kleinen hellen Bach hat, dessen Ufer auf eine angenehme Art genutzt ist. Ich wollte dem Lord Elibank meine

meine Aufwartung machen, den ich vor vielen Jahren die Ehre hatte in London zu kennen. Er hatte seine Güter in dieser Gegend von Lothian; allein er war nicht zu Hause. — Sie haben mich oft von diesem Herrn sprechen gehört, den ich lange wegen seiner Menschenfreundlichkeit und fast allgemeinen Kenntnisse verehrt habe; bey welchem allen er einen originellen Charakter hat, der höchst unterhaltend ist. Zu Mußelburgh hatte ich dafür das Glück, mit meinem alten Freunde, Cardonel, Thee zu trinken; nnd bey ihm traf ich den Dr. C**, Pfarrer des Kirchspiels, an, dessen Unterredung mir ein heißes Verlangen einflößte, mit seiner Person näher bekannt zu werden. — Es wundert mich im geringsten nicht, daß diese Schottländer auf allen vier Theilen des Erdbodens gut durchkommen.

Dieser Ort ist nur zwey Stunden von Edimburg entfernt, wohin wir unsern Weg am Ufer der See wegfuhren, auf einem ebnen festen Sande, welchen die Ebbe trocken gelassen hatte. — Von ferne präsentirt sich Edimburg eben nicht zu seinem Vortheil. — Das Kasteel und den Obertheil

theil der Stadt konnten wir nur sehr undeutlich sehen. Die Stadt schien sich immer zu verändern, so wie sich der Weg anders krümmte, und nur einzelne Thurmspitzen und stumpfe Kuppeln zu zeigen, die zu irgend einem großen Gebäude gehört hätten, das in Ruinen läge. Der königliche Pallast, Holyroodhouse, steht zur Linken, wenn man in Canongate fährt. — Diese Straße geht von hier an bis zu dem Thore, genannt Nether-Bow, welches itzt abgebrochen worden; so, daß sie ununterbrochen eine lange englische Meile, vom Fuße bis an die Spitze des Berges, fortgeht, auf welchem das Kasteel in einer prächtigen Lage zu sehn ist. In Ansehung ihres schönen Pflasters, ihrer Breite, und der hohen Häuser an beyden Seiten, würde dieses eine der besten Gassen in Europa seyn, wenn nicht, der Himmel weis warum, ein häßlicher Haufen kleiner Gebäude, die sie Luckenbooths nennen, mitten in den Weg hingeworfen wären, wie etwan Middle Row in Holborn. - Die Stadt liegt auf zwey Hügeln, und das Thal liegt zwischen beyden; und mit allen ihren Fehlern kann

sie

sie sehr wohl für die Hauptstadt eines mäßigen Königreichs durchgehn. — Sie ist voller Leute und ertönt unaufhörlich von dem Gerassel der Kutschen und andrer Fuhrwerke, sowohl des Luxus als des Gewerbes. So viel ich noch wahrnehmen kann, fehlts hier nicht an Lebensbedürfnissen. — Das Rind= und Hammelfleisch ist hier so schön, als in Wales; die See giebt gute Fische im Ueberfluß; das Brodt ist sehr fein, und das Wasser vortrefflich; obgleich, wie ich besorge, nicht genug Vorrath vorhanden ist, für alle Erfoderlichkeiten der Reinlichkeit und der Küche; ein paar Artikel, worinn, wie man zugeben muß, unsre Nachbarn, die Schottländer, nicht gar zu genau sind. — Das Wasser wird von einem Berge in der Nachbarschaft durch bleyerne Röhren in eine Cisterne auf dem Hügel des Kasteels gebracht, von da wird es durch andre Wasserleitungen in die verschiednen Theile der Stadt in öffentliche Brunnen vertheilt. — Hieraus holen es männliche oder weibliche Wasserträger, und bringen es in kleinen Tonnen auf dem Rücken den Leuten in die Küchen, die zwey, drey,

drey, vier, bis acht Stockwerk hoch wohnen. Jedes Stockwerk ist ein vollständiges Haus, worinn eine besondre Familie wohnt; und die Treppe, welche für alle ist, wird gemeiniglich in einem sehr schmutzigen Zustande gelassen. Man muß gut zusehn, wo man hintritt, wenn man mit reinen Schuhen zu seiner Wohnung gelangen will. — Nichts kann einen stärkern Abstich machen, als der Unterschied innerhalb und außerhalb der Thüre; denn die guten Weiber dieser Stadt sind besonders eigen in den Zierrathen und der Reinlichkeit ihrer Zimmer, als ob sie die Absicht hätten, den Vorwurf von den einzelnen Personen aufs Publicum zu bringen. Ihnen ist die Methode, wie sie die Unsauberkeiten zu einer gewissen Stunde in der Nacht aus den Fenstern gießen, nicht unbekannt; es ist eben die Gewohnheit wie in Spanien, Portugall und in einigen Gegenden von Frankreich und Italien. — Eine Gewohnheit, mit der ich mich keinesweges vertragen kann; denn die Karrenführer, welche alle Morgen mit anbrechendem Tage den Unrath fortschaffen, mögen so sorgfältig seyn,

seyn, als sie wollen: so bleibt doch immer genug liegen, sowohl die Augen als andre Organen desjenigen zu beleidigen, dem die Gewohnheit noch nicht die Sinne dagegen fühllos gemacht hat.

Die Einwohner fühlen nichts mehr davon, und sind geneigt, sich einzubilden, der Eckel, den man dagegen blicken läßt, sey wenig besser als Affectation. Sie sollten aber einiges Mitleiden mit den Fremden haben, die zu dieser Art Leiden nicht gewöhnt, und ein wenig überlegen, ob es nicht wohlgethan sey, auch mit einiger Mühe sich des Vorwurfs zu entladen, der ihnen über diesen Punct von ihren Nachbarn zur Last gelegt wird. Was die wunderbare Höhe ihrer Häuser anbelangt, so ist die in manchem Betracht ungereimt, aber ganz besonders in einem macht sie mich schaudern; und das sind die verzweiflungsvollen Umstände aller Familien oben im Hause, im Fall durch eine Feuersbrunst die Haustreppe unten unbrauchbar gemacht würde. Um den entsetzlichen Folgen zuvor zu kommen, die aus einem solchen Zufalle entstehn müßten, würde dieß eine kluge

Anstalt seyn, in jedem Stockwerke von einem Hause ins andre Noththüren anzubringen, wodurch sich bey solchen Unglücksfällen die Menschen retten könnten. — Allenthalben in der Welt sehn wir doch, daß die Macht der Gewohnheit stärker ist, als alle Vorschriften der Klugheit und Zuträglichkeit. — Alle Kaufleute, Schiffer und was zum Handel gehört, ja selbst die feinste Gesellschaft, sieht man jeden Tag von Ein bis Zwey Uhr auf einer offenen Gasse stehen, an einer Stelle, wo ehedem ein Marktkreutz stund, welches, im Vorbeygehn gesagt, ein hübsches Stück von gothischer Architectur war, und noch in dieser Nachbarschaft, in Sommervill's Garten zu sehen ist, — ich sage, diese Menschen stehen aus bloßer Gewohnheit lieber auf der freyen Gasse, als daß sie einige Schritte weiter nach der Börse gehen sollten, welche leer an der einen Seite steht, oder nach dem Parlamente dicht an der andern, welches ein prächtiger vierecktter Platz ist, mit einer schönen Statue zu Pferde von Carl dem zweyten. — Diese hier versammlete Gesellschaft hört eine Reihe Stücke an, die ihr

ihr auf einem Glockenspiele, in einem nahe
bey stehenden Thurme, vorgespielt wird. —
Die Glocken sind rein von Ton und Stim‍mung, und der Musikus, welcher sie spielt
und von der Stadt bezahlt wird, ist nicht
ungeschickt, dergestalt, daß es wirklich, ein
Vergnügen ist, zuzuhören, besonders für
einen Fremden, dem ordentliche musika‍lische Glockenspiele etwas neues sind.

Die öffentlichen Gasthöfe sind in Edim‍burg noch schlechter, als in London; allein
durch Vermittelung eines würdigen Rechts‍gelehrten, dem ich empfohlen worden, ha‍ben wir anständige Zimmer in dem Hause
einer feinen Witwe, Namens Lockhart, be‍zogen; und hier will ich nun bleiben, bis
ich alles gesehn habe was in und um dieser
Hauptstadt merkwürdiges zu sehen ist. Ich
fange an, die guten Wirkungen der Bewe‍gung zu fühlen. — Ich esse wie ein Dre‍scher, schlafe ununterbrochen von Mitter‍nacht an, bis Morgens nm acht Uhr, und
meine Lebensgeister sind in einer beständi‍gen gemäßigten Höhe, gleich weit entfernt
vom Kriechen oder Fliegen. Allein was
auch meiner Constitution für Ebbe und

T 3 Fluth

Fluth überkommen mag, mein Herz wird niemals die Empfindung verlieren, daß ich bin,

 Mein liebster Lukas,
    Ihr
Edinburg,
den 18ten Julii.
   treuergebenster Freund und Diener
    M. Bramble.

An Jungfer Maria Jones, zu Brambleton-hall.

Liebe Mieckchen,

Ich habe einen Umschlag von Skweirs Güte gekriegt, darein er diesen Brief mit verschliessen will, sonst war es vor mir so weit hin zu schreiben — O, Marie Jones! Marie Jones! Ich hab einmal Anfechtung und Noth gehabt. Gott der stehe mich bey; Ich hab' Ihr lange Zeit eine rechte Hexe und Tater gewesen — Der Böse hat sein Spiel gehabt, und hat mich armen Hiob versucht in von Dittons Kleidern,

dern, den Walleh der Schambr des jungen Skweir meine ich; aber Gott gab Gnade, daß er mich nicht ganz untergekriegt hat. — Ja, ich meinte, es wäre nichts Böses dabey, daß ich in Newcastle einmal ins Komoedienhaus ging, mit meinen Haaren nach der neusten parisischen Mohde aufgesetzt; und das bischen Schminke! da sagt' er, ich sähe was blaß aus, und da ließ ich ihn meine Backen mit ein bischen spansche Wolle röber machen; aber der muthwillige Pöbel von Matrosen und so rackalligen Zeug, die meinen, daß andre ehrliche Leute eben so schmierig hergehn sollen, als sie, die fielen uns auf der Strasse an, und scholten mir vor eine geschminkte Hure aus, und Isebelle, und befleckstem mich mein Kleid und verdurben mich ein paar dreydoppelte Angaschanten von blonden Spitzen, die noch gar nicht viel abgetragen waren — und kosteten mich meine baare sieben Ortsthaler zu Londen von Lady Kristins Kammerjungfer.

Als ich Mosgeh Klinkerg fragte, was sie mit ihrer Isebelle meinten, da gab er

T 4   mich

mich die Bißbell in der Hand, und da laß ich von einer Jsebel in das Buch der Könige, die sich geschminkt, und ihr Haupt geschmückt, und zum Fenster herausgekuckt hat, und die wurde zum Fenster heraus gestürzet, und die Hunde fraßen sie auf. — Aber ich bin keine Huhre, und mein armes Fleisch wird ja Gott auch behüten, daß es kein Ahs wird, und daß es die Hunde auffressen, Amen! — Aber Ditton der hat mir so viel was Verliebtes gesagt, und so schön gethan, daß ich Wunder gedacht hätte, und nun ist er doch mit eines Irrländersbraut heimlich weggelaufen, und hat mich und seinen Herrn sitzen laßen und uns kein Wort davon gesagt. Aber meinetwegen mag er hingehn wo Kühe und Pferde gehn! Aber ich habe nur viel Aerger über ihn gehabt. Fröhlen hat mich ausgescholten, als ob sie von Sinn und Verstand währe; ob ich wohl auch den Trost dabey habe, daß die ganze Familige meine Parthie genommen hat, und so gar Mosges Klinkerg hat auf beyden Knien vor mich gebeten; ob schon, Gott weiß es, er wohl Ursach hatte, mir nicht recht gut zu seyn;

aber

aber es ist eine fromme Seele, und recht
demüthiges Geistes, und davor wird er
auch eines Tages mahl seinen Lohn em-
pfahen.

Und nun, trauteste Mieckchen, sind wir
Ihr in Hehbenbrug angekommen, unter die
Schottländer, und die sind vor unser Geld
höflich genung, ob ich schons ihren Schnick-
schnack nicht verstehn kann. — Aber sie
sollten auch den Fremden nichts auf den
Ermel binden; denn da hängen sie Ihr
grosse Zettel an die Häuser, worauf steht
Komohde Zimmer zu verhäuern, und denn
ist dar doch in der ganzen Stadt keine rechtliche Komohdetät, und das arme Gesinde
hat Ihr in der Welt nichts anders, als
eine Tonne worüber ein paar Latten liegen,
und alle Stühlchens aus allen Kammern
werden des Abends in diese Tonne ausge-
tragen, und denn, des Abends, wenns
zähne ausgeschlagen hat, so wird Ihr das
aus dem Fenster geschüttelt, das hinten so
auf ein klein Gäßgen geht, und die Magd
schreit: aufgeschaut, das heißt denn so
viel als: Gott sey dir gnädig, wenn dirs

aufn Kopf fällt. Und das geht Ihr so alle Abend die Gott werden läßt, in allen Häusern von ganz Hedenbruch zu. Nun kann Sie denken, liebe Mieckchen, was das vor ein herrlicher Geruch von so vielen Rauchfässern seyn muß, aber sie sagen, das währe gesund, und ich glaub es auch gewiß; denn mich ists recht wohl bekommen, als ich so saß und an Isebellen und Klinkerg bachte, da war mir so schlimm zu muthe, als ob ich meine Hestorie kriegen sollte, als sie diesen Umflaht, mit Gunst in Ihrer Gegenwardt zu sagen, ausgossen, der mich so mächtig in die Nase ging, daß ich dreymal niesete, und da befund ich mich wieder ganz munter und frisch. Und davon muß es auch wohl kommen, daß kein Mensch in ganz Hehdenbruch von hestörischen Zufällen was weiß.

Sie hatten mich auch weißgemacht, daß dar nichts zu kriegen währe, als Habergrütze und Hammelsköpfe: aber ich war eine einfältige Gans, daß ich das glaubte; ich hätte ja wohl denken können, daß da auch Hammelskeulen und Hammelschultern

sein

fein müſſen, wo Hammelsköpfe ſind. Noch an dieſen hellen Tage habe ich des Mittags eine ſchöne Hammelsbruſt und Blumenkohl dabey gegeſſen; und die Habergrütze und Mehl laſſe ich dem Volke auf dem Lande über, das ſind arme Schlafen, und viele haben Ihr nicht einmal Schuh oder Strümpfe auf den Beinen. — Mosgeh Klinkerg ſagt zu mir, daß hier eine große Frommen Verſammlung iſt; aber, ich wünſche, ich wünſche, jemand von unſrer Familie mag nicht von dem wahren Wege abgefallen ſeyn! — O, wenn ich waſchhaft währe — ich habe vor meiner eignen Thüre zu fegen — da iſt ein Gelübäugelnd und ein Gethue geweſen zwiſchen Fröhlen und ein alt ſchottiſchen Ofzierder, der Kißmigheog heißt. Er ſieht aus, als ob er den Kerl aus den Augen geſchnitten währe, den unſer Gärtner hingeſtellt hat, die Vögel von den Erbſen und Kirſchen zu jagen, und was noch daraus kommen will, das weiß der liebe Himmel! Aber laß kommen was kommen will, von mir ſoll kein Menſch ſagen, daß ich bar eine Silbe von geſagt habe. Grüß ſie ſchönſtens Salmeh und met-

nen

nen Murr. — Ich hoffe, sie haben meine
Fiebel gekriegt, und werden hübsch fleißig
darinn lernen, das ist mein Beten Tag
und Nacht, und verbleibe
Ihre

Aebenbruch,
den 18ten Julii.
getreue bis in den Tobt
Win Jenkins.

An Sir Watkin Philipps, Baronet, im alten Jesuitercollegio zu Oxford.

Mein liebster Philipps,

Wofern ich noch einige Tage in Edimburg bleibe, werde ich von Kopf bis zum Fuß ein wahrer Caledonier. — Onkel sagt, ich habe bereits Etwas vom hiesigen Accent angenommen. Die Leute sind hier so gesellig und so zuvorkommend höflich gegen Fremde, daß ich ganz unvermerkt in den Strom ihrer Sitten und Gebräuche hineingezogen bin; ob solche gleich in der That weiter von den unsrigen unterschieden
sind,

sind, als Sie sichs einbilden können. —
Diesen Unterschied indessen, der mir bey
unsrer ersten Ankunft so sehr auffiel, werde
ich itzt kaum mehr gewahr, und mein Ohr
ist schon ganz an den schottischen Accent gewöhnt, den ich sogar im Munde eines
hübschen Mädchens lieblich finde. — Es
ist ein Ort von dorischen Dialect, welcher
eine Idee von liebenswürdiger Einfalt
giebt. — Sie können sich nicht vorstellen,
wie wir in dieser guten Stadt Edimburg
geliebkoset und tractirt werden! Durch
besondre Gunst des Magistrats sind wir zu
Freybürgern und Gildebrüdern aufgenommen worden.

In Bath ward mir eine brollige Com-
mission an einen Edimburger aufgetra-
gen — Als Quin hörte, daß wir Edimburg zu sehen dächten, zog er eine Guinee
aus der Tasche, und bat mich um die Gefälligkeit, solche in dieser Stadt in einem
Wirthshause mit einem seiner besten Freunde und Zechbrüder, Herrn R**D**, hie-
sigem Rechtsgelehrten, zu vertrinken. Ich
nahm den Auftrag an, und sagte, indem
ich die Guinee zu mir steckte; „Sie sehn,

„Ihr

„Ihr Trinkgeld habe ich im Sacke!" —
„Ja, ja, (versetzte Quin mit Lachen,) und
„ein Kopfweh in den Kauf, wenn Sie ehr-
„lich beym Glase zu Werke gehn." Mit
diesem Gewerbe führte ich mich bey Herrn
C** ein, der mich mit offnen Armen empfieng, und mir, zufolge der Ausfoderung,
den Kampfplatz bestimmte. Er hatte eine
Gesellschaft lustiger Gesellen zusammen gebracht, unter denen ich mich sehr wohl
befand, und Herrn C** und Quin nach
besten Kräften Bescheid that. Aber, o
wehe! ich war nur ein Lehrling unter lauter Altgesellen, die mit meiner Jugend
Mitleiden hatten, und mich des Morgens nach Hause schafften, auf was Art,
das mögen sie wissen. — Quin hatte sich
gleichwohl in Ansehung der Kopfschmerzen
geirret; der rothe Franzwein war zu aufrichtig, um mir einen so bösen Streich zu
spielen.

Derweile Onkel Bramble mit den ernst-
haftern Gelehrten der Stadt seine Confe-
renzen hält, und unsre Weiblein sich mit
Besuchen bey den schottischen Damen was
zu schaffen machen, welches die besten und
gefäl-

gefälligsten Geschöpfe von der Welt sind, vertreibe ich mir die Zeit mit den jungen Wildfängen von Edimburg, welche bey einer großen Portion Witz und Lebhaftigkeit, eine gewisse schlaue Klugheit und Behutsamkeit besitzen, die man nicht (oft bey ihren Nachbarn in ihren jugendlich frölichen Tagen wahrnimmt. — Nicht ein Wink entwischt einem Schottländer, den man zum Nachtheile irgend einer Seele in der Gesellschaft auslegen könnte, und national Sticheleyen hört man niemals. — In diesem Puncte, ich muß es gestehn, sind wir beydes ungerecht und undankbar gegen die Schotten. Denn, so weit ich urtheilen kann, haben sie eine wahre Hochachtung für die gebornen Engländer, und nennen unser Land niemals anders, als mit geziemenden Ausdrücken. — Nichts desto weniger sind sie weit davon entfernt, unsre Moden und modischen Laster knechtisch nachzuahmen. — Alle ihre Gebräuche, öffentliche und privat ökonomische Einrichtungen, bey Geschäfften und Lustbarkeiten, sind nach ihrer eignen Weise. Diese herrscht sichtbarlich in ihren persönlichen Betragen, ihrer Art sich zu kleiden, ihrer Sitte, ihrer Musik, und selbst in ihrer Kocherey. Unser Squire betheuret, daß er kein Volk unter der Sonne kenne, welches sich so deutlich durch seinen eignen Nationalcharacter auszeichne. — Weil wir doch einmal den Artikel der Kocherey berührt haben, so muß ich gestehn, daß einige ihrer Gerichte sehr wohlschmeckend und sogar delicat sind; allein ich bin noch nicht Schottländer genug, an ihren gesängten Hammelköpfen und Schaafs-Leberwürsten, die einst, als wir bey Herrn Mitchelson des Mittags aßen, auf unser Bitten aufgesetzt wurden, Geschmack zu finden. Die Ersten erinnerten mich an die Geschichte von Congo, in welcher ich gelesen habe, daß man Mohrenköpfe in öffentlichen Fleischbänken verkaufte; und das Letzte ist ein Mus von gehackter Lunge, Leber, Fett, Habergrütze, Zwiebeln und Pfeffer in einen Schaafsmagen gefüllt, welches eine schnelle Wirkung auf den meinigen that; und weil die zarte Tante Tabby blaß wurde, so ward der Gegenstand unsers Ekels alsobald, auf einen

Wink

Wink unsers Wirths, vom Tische geschafft. Die Schottländer überhaupt sind dieser Composition sowohl, als dem Haberbrodte, mit einer Art von Nationalliebe zugethan. Das Haberbrodt wird an jedem Tische herum gegeben, in dünnen dreyeckigen Kuchen, welche auf einer eisernen Platte gebacken werden, die sie Gürtel nennen; und viele Schottländer, selbst von den Vornehmen, ziehn diese Kuchen dem Waitzenbrodte vor, welches man hier vollkommen gut hat. — Sie wissen, wie pflegten den armen Murray im Collegio aufzuziehn, und zu fragen, ob denn wirklich in Schottland keine andre Früchte wüchsen, als Steckrüben? — Und wahrhaftig! ich habe gesehn, daß sie auf dem Tische ihre Aufwartung gemacht haben, nicht etwa zum Nachtische, sondern als ein Hors d'oeuvre, oder Piertesschüssel, wie man in Frankreich und Italien wohl Rettich und Rabiesgen zwischen nahrhaftern Speisen aufsetzt; allein man muß auch anmerken, daß die Steckrüben hier zu Lande die engländischen eben so sehr an Süßigkeit, Saft und feinem Geschmacke

Klink. Reis. II. Th.　　U　　über-

übertreffen, als eine Muskatmelone einen ordentlichen Krautstengel übertrifft. Sie sind klein, von konischer Figur, gelblich von Farbe, und haben eine sehr dünne Schaale, und außer ihrem angenehmen Geschmacke haben sie auch noch die gute Eigenschaft, daß sie gegen den Scorbut dienen. —— An Früchten, wie sie die Jahrszeit mit sich bringt, als Kirschen, Johannisbeere und dergleichen, fehlt es hier nicht; und in den Gärten einiger Edelleute, die hier in der Nachbarschaft wohnen, sieht man die angenehme Hoffnung auf Abrikosen, Pfirsiche, Adamsfeigen und selbst auf Weintrauben: Ja, ich habe sogar einige Meilen von der Stadt schöne Ananas im Wachsthum gefunden. Und am Ende darf man sich auch über das Alles nicht wundern, wenn wir bedenken, wie wenig Unterschied unter dem hiesigen und dem Clima zu London ist.

Alle merkwürdige Oerter in der Stadt, und drey bis vier Meilen in der Runde, haben wir mit vielem Vergnügen besehn. Im Kasteel sind einige königliche Wohnungen, woselbst der Souverain gelegentlich residirt

residirt hat, und hier werden auch die
Reichsregalien sorgfältig aufgehoben, be=
stehend in einer Krone, die von großem
Werthe seyn soll, einem Zepter und einem
Staatsschwerdte mit Juwelen besetzt. —
Ueber diese Zeichen der Souverainetät ist
das gemeine Volk äußerst eifersüchtig.
Während der Sitzung des Unionsparla=
ments ward das Gerücht verbreitet, daß
solche nach London gebracht wären, und
das verursachte einen solchen Aufstand, daß
man den Lord Commissionair in Stücken
gerissen haben würde, wenn er nicht den
Pöbel dadurch gestillt hätte, daß er sie
vorzeigte.

Der Pallast Holiroodhouse genannt, ist
ein schönes Stück von Architectur, aber in
einen dunkeln und, wie ich glaube, unge=
sunden Grund hingebauet, und man sollte
denken, er wäre deswegen dahin gesetzt,
daß er nicht zu Gesicht kommen sollte.
Die Zimmer sind geräumig und hoch, aber
ohne Möblen, und was die Portraits der
schottischen Könige, von Fergus dem Er=
sten bis zum König William, anbelangt,
das sind elend geschmierte Dinger; fast

alle

alle von einem Maler, und entweder aus dem Kopfe gemacht, oder man muß Karrenschieber zum Sitzen gemiethet haben. Alle Ergötzlichkeiten von London genießen wir hier in einem kleinen Cirkel. Hier ist ein wohleingerichtetes Concert, in welchem verschiedene Liebhaber auf allerley Instrumenten mitspielen. — Die Schottländer sind alle musikalisch. — Wen Sie ansehn, der spielt seine Flöte, seine Violine oder sein Violonschell; und es ist hier ein Herr vom ersten Range, dessen Composition allgemein bewundert wird. — Unsre Gesellschaft von Schauspielern ist nichts weniger als schlecht; und man geht itzt mit einer Subscription zu Werke, um ein neues Theater zu bauen; was mir aber besser als alles andre gefällt, das sind ihre Assemblees.

Wir sind auf dem Balle nach dem Pferderennen gewesen, und ich war wirklich erstaunt, so viel hübsches Frauenzimmer zu sehn. — Die Engländer, die niemals über die Tweed gekommen sind, bilden sich irrigerweise ein, daß das schottische Frauenzimmer wegen persönlicher Annehmnehmlichkeiten eben nicht merkwürdig sey; aber ich kann Sie mit gutem Gewissen versichern, ich habe niemals so viele Schönheiten beysammen gesehn, als bey dieser Gelegenheit. Bey diesem Rennen zu Leith kommt die beste Gesellschaft aus den entfernten Provinzen zusammen, dergestalt, daß wir, wie ich glaube, alle Schönheiten des Landes gleichsam unter einem Brennpuncte hatten; und der war denn freylich so heftig, daß mein Herz kaum seiner Gewalt widerstehen konnte. — Unter uns, es ist wohl ein wenig von den Strahlen der Augen der reizenden Miß R** versengt, mit welcher ich die Ehre hatte, auf diesem Balle zu tanzen. — Die Gräfinn von Melville zog die Augen und die Bewundrung aller derer auf sich, welche gegenwärtig waren — Sie wurde von der liebenswürdigen Miß Grieve begleitet, welche manche Eroberung machte, und meine Schwester Libby blieb ebenfalls nicht unbemerkt. — Die jungen Herrn bringen in allen Gesellschaften ihre Gesundheit aus, unter dem Namen, der schönen Cambrier, und sie hat schon manches Weinvergießen

gießen veranlaßt; aber dem armen Mädchen begegnete auf dem Balle ein Zufall, der uns alle sehr besorgt machte.

Ein junger artiger Mensch, das treue Ebenbild von dem Schurken Wilson, gieng zu ihr, um sie zu einer Menuet aufzufodern, und diese plötzliche Erscheinung machte ihr einen solchen Schrecken, daß sie in Ohnmacht sank. — Ich nenne Wilson einen Schurken, denn, wenn er wirklich ein Edelmann wäre, der redliche Absichten hätte, müßte er sich da nicht schon längst in seiner wahren Gestalt gezeigt haben? — Ich kanns nicht leugnen, das Blut kocht mir vor Aerger in den Adern, wenn ich an des Kerls Verwegenheit denke; und nennen Sie mich was Sie wollen, wenn ich nicht — Nun, seyn Sie nur nicht so spaßhaft, über mich zu spotten. — Die Zeit giebt mir noch wohl Gelegenheit! — Dem Himmel sey Dank, daß die Ursach von meiner Schwester Krankheit ein Geheimniß geblieben ist. Die Dame, welche die Ballwirthinn vorstellte, meynte, sie hätte es von der Hitze im Saale bekommen, und
führte

führte sie also nach einem andern Zimmer, woselbst sie so bald wieder völlig besser ward, daß sie wieder kam und die Contretänze mit tanzte, bey welchen die schottischen Jünglinge solche Lebhaftigkeit und Fertigkeit zeigen, daß sie ihren Tänzerinnen alles mögliche zu schaffen machen, um es ihnen gleichzuthun. —— Ich glaube, unsre Tante Tabby hatte sich die Hoffnung in den Kopf gesetzt, unter den Cavalieren in dieser Versammlung eine kleine Niederlage anzurichten —— Sie war einige Tage mit Putzmacher- und Schneiderfrauen zu Rathe gegangen, um sich auf die Gelegenheit vorzubereiten, und erschien dabey in einem vollen Kleide von Damast, so dick und so schwer, daß einem Menschen von irgend einiger Einbildungskraft schon der Schweiß ausbrechen mußte, wenn mans bey dieser Jahrszeit nur ansah. —— Sie tanzte eine Menuet mit unserm Freunde Mitchelson, welcher seine Hospitalität und Höflichkeit bis zu diesem Grade trieb, und zum zweytenmale ward sie von einem jungen Laird of Ballymawhwaple aufgeführt, welcher von ungefähr herein kam, und in

U 4 der

der Geschwindigkeit keine andre Tänzerinn finden konnte. Allein da der erste ein verheyratheter Mann war, und der andre ihren Reizungen keine besondre Huldigung leistete, die von der übrigen Gesellschaft eben sowohl übersehen wurden: so ward sie unzufrieden und tadelsüchtig. — Beym Abendessen machte sie die Anmerkung, die schottischen Herrn machten eine hübsche Figur, wenn sie ein wenig in der Fremde zugestutzt würden; und deßhalb wäre es Schade, daß sie nicht alle so klug wären und auf Reisen giengen. — Das Frauenzimmer, sagte sie, wäre ungelenk, und hätte zu viel männliches an sich; beym Tanzen höben sie die Beine in die Höhe, wie junge Füllen; sie wüßten nichts davon, was eine anmuthige Bewegung wäre, und kleideten sich an, daß man vor ihnen weglaufen sollte. Die reine, lautere Wahrheit aber war indessen, daß Tabby selbst die lächerlichste Figur und am schlechtesten auf dem ganzen Balle angekleidet war. — Die Mannspersonen hatten sich nicht um sie bekümmert, das machte sie mißvergnügt und mürrisch; nunmehr

mehr war ihr in ganz Edimburg nichts nach ihrem Sinne, und sie lag ihrem Bruder in den Ohren, er möchte doch auf die Abreise denken, als sie sich auf einmal wieder, aus Gründen der Andacht, mit dem Orte aussöhnte. — Es giebt hier eine Sekte von Fanatikern, die sich unter dem Namen der Seceder von der Hauptkirche getrennt haben. — Sie wollen kein irrdisches Haupt der Kirche, keine weltliche Kirchenpatronen erkennen, und stimmen mit den Methodisten überein, in den Lehren von der Wiedergeburt, dem neuen Lichte, der zulänglichen Gnade, der Nichtigkeit der guten Werke und von den Wirkungen des Geistes. Tabby ward in Klinkers Begleitung in einer von ihren Conventikeln zugelassen, worinn sie beyde recht sehr viel Erbauung fanden; und sie hat das Glück gehabt, mit einem frommen Christen bekannt zu werden, der Herr Moffat heißt, ein mächtiger Beter ist, und der ihr oft in ihren privat Andachtsübungen beysteht.

Noch bey keinem Wettrennen in England habe ich einen solchen Zusammenfluß von vornehmen Leuten gesehn, als bey diesem zu Leith erschien. — Dicht dabey auf einem Felde, das sie Lincks nennen, ergötzen sich die Einwohner aus Edimburg mit einem Spiele, Golf genannt; hierbey bedienen sie sich artig gemachter Ketzer, die mit Horn eingefaßt sind, und kleiner elastischer Bälle von Leder mit Federn ausgestopft, fast noch kleiner als die Fangebälle, aber weit härter; diese schlagen sie mit einer solchen Gewalt und Geschicklichkeit von einem Loche zum andern, daß sie eine unglaubliche Weite fortfliegen. Von dieser Ergötzlichkeit sind die Schotten so große Liebhaber, daß Sie, so bald das Wetter es nur erlaubt, eine Menge Menschen aus allen Ständen finden, vom ältesten Richter an, bis zum geringsten Handwerker durcheinander in ihren Hemden, welche hinter den Bällen mit solcher Emsigkeit anlaufen, daß es eine Lust anzusehen ist. — Unter andern zeigte man mir eine eigne Kameradschaft Golfers, wovovon der jüngste über achtzig Jahre alt war — Es waren lauter Männer, die von ihren eignen Mitteln lebten, und sich

den

den größesten Theil eines Seculums mit diesem Spiele belustigt hatten, ohne es jemals müde, oder krank zu werden; und sie giengen niemals zu Bette, ohne daß sie ihren Schlaftrunk wenigstens aus der vierten Bouteille Franzwein nahmen. Solch eine tägliche Bewegung des Körpers, wenn die scharfe Seeluft dazu kommt, muß ohne Zweifel eine herzliche Lust zum Essen machen, und den Körper gegen alle gewöhnliche Anfälle von Unpäßlichkeit ausstählen.

Das Pferderennen zu Leith gab Anlaß zu einer andern Lustbarkeit von einer ganz besondern Art — Zu Edimburg giebts eine Gilde oder Brüderschaft von Gewerbbestellern, die man Cawdies nennt, welche des Abends mit papiernen Leuchten auf den Gassen aufpassen, und zum Ausschicken sehr nützlich sind. — Diese Kerlen, so zerlumpt sie hergehn, und so plump und gemein sie in ihren Worten, seyn mögen, sind außerordentlich schlau und verschlagen, und wegen ihrer Treue so berühmt, daß man kein Beyspiel weis, daß ein Cawdie was veruntrauet hätte; und ihre Aufmerksamkeit

ſamkeit auf alles geht ſo weit, daß ſie nicht allein jeden Menſchen in der Stadt kennen, ſondern ſogar jeden Fremden, ſobald er nur vier und zwanzig Stunden in Edimburg iſt; und nichts kann ſo heimlich vorgehn, daß ſie nicht in Erfahrung bringen ſollten. — Man ſagt auch, ſie ſollen beſondre Geſchicklichkeiten beſitzen, eins von den Geſchäfften Merkurs auszurichten, ob ich ſie gleich darinn niemals auf die Probe geſtellt habe. — Wenn ich dergleichen Dienſte nöthig hätte, ſo iſt mein eigner Kerl, Archy M'Alpine ſo gut geſchickt dazu, als es nur ein Cawdie in Edimburg ſeyn kann; und ich müßte mich ſehr irren, wenn er nicht ehmals zu der Brüderſchaft gehört hat. Dem ſey, wie ihm wolle, ſie hatten den Einfall, zu Leith ein Mittagseſſen und einen Ball zu geben, zu welchen ſie förmlich alle junge Herrn, vom Adel und andre, einladeten, die bey dem Wettrennen waren; und dieſer Einladung gaben ſie durch die Verſichrung einen Nachdruck, daß alle die berühmten Damen, die Kloſter und Eheſtand, nur die Männer nicht haßten, das Feſt mit ihrer Geſellſchaft ſchmücken und zieren

zieren würden. — Ich empfieng meine
Karte gleichfalls, und gieng mit einem halben Dutzend von meinen Bekannten hin. —
Man deckte in einem großen Saale, auf
einer langen Reihe zusammengeschobener
Tische, und hieran setzte sich die Gesellschaft, auf achtzig Personen stark, Lords,
Lairds, junge Herrn, Bettschwestern und
Cawdies durch einander, wie die Sclaven
und Herrn zu Rom in den Zeiten der Saturnalien. — Der Ceremonienmeister der
Gesundheiten, welcher am Oberende des
Tisches saß, war ein Cawdie, Namens Fraser, ein ausgelernter Zubringer, und bekannt, als ein schlauer und drolliger Kerl,
in seiner Profession allen Gästen beyderley
Geschlechts sehr bekannt, und von allen
verehrt. — Er hatte die Mahlzeit und
den Wein besorgt: und darnach gesehn,
daß alle seine Zunftbrüder in anständiger Kleidung und reiner Wäsche erscheinen
mußten; er selbst trug zur Ehre des Festes
eine dreyknotige Perucke. — Ich versichre Sie, Watt, das Banquet war zierlich, es fehlte an nichts, und wurde
mit tausend schnurrigen Einfällen gewürzt,
welche

welche jedermann munter und aufgeräumt machten. — Als der Nachtisch abgenommen war, brachte unser Herr Fraser folgende allgemeine Gesundheiten aus, welche ich hier nicht erklären kann. — „L**, „B**, J**, C**, Gibb's Contract. — „Bettlers Wunsch. — Der König und „die Kirche. — Großbritannien und Irr- „land." Drauf füllte er einen Bumper und sagte, indem er sich an mich wendete: „Mester Melford, Fried und Einigkeit zwi- „schen John Bull und Miecke seiner Schwe- „ster!" — Die nächste Person, die er sich aussah, war ein Lord, der lange auf Reisen gewesen war. — „Ma Lord, (schrie Fraser,) „hier ist ein Bumper aufs „Wohl aller hochadelichen Herrn, die ihr „Vaterland so lieb haben, daß sie ihre „Renten zu Hause verzehren." Dann wendete er sich an ein Parlamentsglied und sagte: „Mester — ich weis, Sie haben „nichts einzuwenden, daß ich ausbringe: „Schaam und Schande aufn Kopf eines „jeden Schotten, der sein Gewissen und „seine Stimme verkauft." Er ließ einen Dritten fliegen, gegen einen sehr reich ge-

kleideten

kleideten Menschen, der von einem sehr kleinen Anfange zu Etwas gekommen war, indem er im Spiele ein großes Glück gemacht hatte. Er füllte sein Glas, rufte ihn bey Namen auf, und, „lang lebe, (sagte er,) „der Soldat, der mit leeren „Tornister ins Feld zieht, und mit einem „Sack voll Silber in die Winterquartiere „kommt." Nachdem alle diese Gesundheiten mit lautem Beyfall aufgenommen worden, foderte mein Fraser große Quartiergläser, füllte sein eignes bis an den Rand voll, stund auf, und alle seine Mitbrüder folgten seinem Exempel, dann rufte er: „Ma Lords und meine Herrn, hier ist ein „Glas zur schuldigen Danksagung, für „die große und unverdiente Ehre, die sie „heute Ihren armen Gewerbbestellern wie„derfahren lassen haben." Als er das ausgesprochen, tranken er und die übrigen ihre Gläser in einem Augenblicke leer, verließen ihre Sitze, und stellten sich ein jeder hinter einen von den übrigen Gästen, und ruften: „Nun sind wir wieder Ew. „Gnaden Cawdies."

Derje-

Derjenige Lord, den Frasers Satyre zuerst angezapft hatte, machte Einwendungen gegen seine Abdication. Er sagte, da die Gesellschaft auf Einladung der Cawdies erschienen wäre, so erwartete er auch, daß die Bewirthung auf ihre Kosten geschehen würde. — „Ja nicht, Mylord, (sagte Fraser,) „um alles in der Welt „nicht, wollte ich so unverschämt seyn. — „Ich habe noch keinen Herrn beleidigt, so „lang ich geboren bin, und nun bin ich „viel zu alt, eine solche honette Compagnie „von Herrschaften zu beschimpfen." — „Nun denn, (sagte der Lord,) da Du Dei„nen Witz nicht geschont hast, so hast Du „ein Recht, Dein Geld zu sparen. Du „hast mir eine gute Lehre gegeben, und ich „will sie in Gutem annehmen. Da Du „Deinen Platz freywillig verlassen hast, so „will ich, wenns die Gesellschaft erlaubt, „Deine Stelle bekleiden, und es soll mir „sehr lieb seyn, wenn man mich als Boni„facius erkennen will." — Er ward alsbald zum Meister vom Stuhl erwählt, und mit einem Bumper in seinem neuen Charakter becomplimentirt.

Die

Die Gläser giengen ohn' Unterlaß so lange herum, bis sie zu tanzen schienen, wenn sie auf dem Tische standen, und dieß war vielleicht ein Wink für die Damen, um die Musik zu fodern. — Um acht Uhr des Abends hub in einem andern Zimmer der Ball an. Um Mitternacht ward wieder gegessen; allein es war heller lichter Tag, eh' wir unsern Weg nach Hause finden konnten, und Se. Lordschaft hatte gewiß eine artige Rechnung abzuthun.

Kurz zu sagen, ich habe seit einigen Wochen so im Schwärmen gelebt, daß mein Onkel anfängt, meiner Gesundheit wegen besorgt zu werden, und macht sehr ernsthaft die Anmerkung, daß alle seine Schwächlichkeiten von solchen Ausschweifungen herkommen, die er sich in der Jugend erlaubt habe. Tante Tabby sagt, es würde sowohl für meinen Leib als meine Seele viel heilsamer seyn, wenn ich, anstatt diese liederliche Gelage zu besuchen, Herrn Moffat und sie begleiten, und eine Predigt von dem Hochehrwürdigen Herrn M'Corkindale mit anhören wollte. —

te. — Klinker vermahnt mich oft mit einem herzlichen Seufzer, ich sollte doch für meine liebe Gesundheit Sorge tragen, und selbst Archy M'Alpine, wenn er ein wenig zu tief eingeguckt hat, (welches sich öfter zuträgt, als ich wohl wollte,) hält mir eine lange Predigt, über die Nüchternheit und Mäßigkeit; und ist dabey so überweise und so spruchreich, daß ich ihn gerne als Lehrer und Bedienter fahren lassen wollte, wenn ich ihn nur einen Professorstuhl zu verschaffen wüßte; denn des Lehrens und Vermahnens habe ich im Collegio schon bis zum Eckel gehabt.

Indessen müssen Sie auch nicht glauben, daß ich so tief in das etwas wilde Leben zu Edimburg hinein wäre, daß ich die Meinigen darüber ganz hindan setzte; das nicht! Wir haben nicht allein alle Dörfer und Lustgärten bis auf vier Meilen um die Stadt herum mit einander besehn, sondern wir sind auch über den Firth gefahren, der ein Arm von der See, ein paar gute Meilen breit ist, und welcher Lothian von Shire of fife, oder, wie es die Schottländer nennen, Kingdom of fife,

fife, scheidet. Es liegen immer eine Anzahl großer offner Seeböte bereit, von Leith nach Kinghorn, einem Flecken an der andern Seite, über zu setzen. In eins von diesen setzte sich vor drey Tagen unsre ganze Haushaltung, meine Schwester Libby ausgenommen, welche zu furchtsam vor Wasserreisen ist, und also bey Madame Mitchelson zu Hause gelassen wurde. Wir kamen bald und gut über nach Fife, und besuchten da viele trübselige Städte längst der Küste, worunter auch St. Andreas gehört: ein Skelet von einer ehrwürdigen Stadt. Besser gefielen uns hingegen einige eble und zierliche Landhäuser und Schlösser, deren es in diesem Theile von Schottland eine Menge giebt. Gestern setzten wir uns wieder bey gutem Winde und Wetter in ein Boot, um nach Leith zurückzukehren; wir waren aber noch nicht die Hälfte unsers Weges gekommen, als der Himmel sich plötzlich überzog, der Wind sich drehte, und uns gerade ins Gesicht blies, dergestalt, daß wir genöthigt waren, entweder umzukehren, oder den übrigen Weg zu laviren. Kurz, die Küh-
lung,

lung, wie es die Bootsleute nannten, wuchs zu einem Sturme von Wind und Regen, und dabey war ein solcher Nebel, daß wir die Stadt Leith nicht sehen konnten, wohin wir wollten; nicht einmal das Edimburger Kasteel, ob es gleich so hoch liegt. Man kann sich leicht vorstellen, daß uns allen bey dieser Gelegenheit nicht gar wohl zu Muthe seyn mochte. Dabey wandelte den meisten Passagiers eine Uebelkeit an, welche ein heftiges Treiben zum Erbrechen hervorbrachte. Meine Tante bat ihren Bruder, er möchte doch den Schiffern befehlen, daß sie nach Kinghorn umkehrten; er that auch wirklich den Vorschlag; allein sie versicherten, es habe keine Gefahr. Als Tabitha sah, daß sie sichs nicht einreden lassen wollten, fieng sie an zu schelten, und foderte, mein Onkel sollte sein Ansehn, als Friedensrichter brauchen. Bey aller seiner Uebelkeit, und so murrisch er auch war, konnte er doch bey diesem weisen Verlangen das Lachen nicht lassen, wobey er ihr sagte, sein friedensrichterliches Ansehn erstrecke sich nicht so weit, und thäte's auch, so

würde

würde er doch den Leuten ihren Willen laſſen, denn er wäre nicht naſeweis genug, einen alten Hahn zu lehren, wie er krähen ſollte. Jungfer Jenkins war mit Humphry Klinkers Hülfe darüber aus, Magen und Gewiſſen ein für allemal zu erleichtern; und er vereinigte ſich mit ihr im Gebete und Ergießungen. — Er hielt es für ſo ausgemacht, daß wir auf dieſer Welt nicht lange mehr bleiben würden, daß er dem Fräulein Tabitha mit geiſtlichem Troſte zuſprechen wollte, welchen ſie aber ſehr höhniſch von ſich wies, und ſagte, er ſollte ſeine Predigten für ſolche Leute aufſparen, welche Zeit hätten ſeinen Schnickſchnack anzuhören. — Mein Onkel ſaß gleichſam in Gedanken, ohn ein Wort zu ſprechen; mein Kerl Archy ſuchte Troſt bey einer Branteweinsflaſche, und machte ſich ſo vertraut mit ihr, daß ich glaubte, er hätte einen Eid gethan, nicht vom Seewaſſertrinken zu ſterben, und ſollte er ſich auch lieber im Brantewein erſäufen: aber der Brantewein machte ihn auch eben ſo wenig trunken, als obs wirklich Seewaſſer geweſen wäre. — Ich

X 3 für

für mein Theil, fühlte solche Magenübelkeiten, daß ich sonst an nichts denken konnte. — Unterdessen giengen die Wellen thurmhoch, das Boot krachte so heftig, als obs in Stücken brechen wollte; das Thauwerk rasselte, der Wind heulete, der Blitz knisterte, der Donner rollte, und der Regen fiel wie ein Wolkenbruch nieder. — So oft der Steuermann Rheh rufte, und das Boot gedreht wurde, schlug so viel Wasser herein, daß wir bis auf die Knochen naß wurden. Wir hatten so lange lavirt, daß wir dachten, wir müßten nahe an den Vorsetzen seyn, aber da waren wir so weit zurück getrieben, daß die Bootsleute selbst anfiengen zu besorgen, es möchte zu tief ebben, eh' wir unter Wall und Wind kommen könnten; der folgende Strich, den wir ablavirten, brachte uns gleichwohl in glattes Wasser, und wir stiegen um Ein Uhr des Nachmittags glücklich auf den Vorsetzen ans Land. — „Ganz gewiß, (schrie Tabby, als sie fühlte, daß sie Terra Firma unter den Füßen hatte,) „wäre kein Gebein von „uns allen davon gekommen, wenn der „Him-

„Himmel nicht ganz besonders über uns „gewacht hätte." — „Freylich, (versetzte mein Onkel,) „aber ich halte es sehr „mit jenem ehrlichen Hochländer, dem „man auch sagte, als er eben eine solche „Reise gehabt hatte, er sey dem Him„mel Dank für seine Errettung schuldig: „Ja wohl, (sagte Donald,) aber ich will „nicht ehrlich seyn, wenn ich dem Him„mel die Mühe wieder mache, so lange „noch die Brücke zu Stirling steht." Sie müssen wissen, daß die Brücke zu Stirling etwa zwanzig englische Meilen aufwärts des Flusses liegt, der hier seine Mündung hat. — Ich finde nicht, daß Onkels Gesundheit durch diesen Seesturm gelitten hat; aber die arme Libby fängt an zu kränkeln. Ich fürchte, das arme Mädchen hat einen Dorn im Herzen, und diese Besorgniß quält mich heftig, denn es ist wirklich ein liebenswürdiges Geschöpf.

Morgen oder Uebermorgen gehn wir nach Stirling und Glasgow; und wir sind willens, vorher ein wenig die hochländischen Gegenden zu besehen, ehe wir

unsern

unsern Lauf Südwärts richten. — Unterdessen empfehlen Sie mich allen Freunden um Carfax herum, und halten Sie mich beständig für den

Ihrigen

Edimburg,
den 8ten August.

J. Melford.

Ende des zweyten Bandes.

www.ingramcontent.com/pod-product-compliance
Lightning Source LLC
Chambersburg PA
CBHW030014240426
43672CB00007B/950